La valeur d'un homme pour la société

Études sur la culture personnelle et le caractère

Newell Dwight Hillis

Writat

Cette édition parue en 2023

ISBN : 9789359254272

Publié par
Writat
email : info@writat.com

Contenu

LES ÉLÉMENTS DE VALEUR CHEZ L'INDIVIDU

"Il n'y a rien qui rend les hommes riches et forts si ce n'est ce qu'ils portent en eux. La richesse vient du cœur, pas de la main." - *John Milton.*

" Tant que nous ne saurons pas pourquoi la rose est douce ou la goutte de rosée pure ou l'arc-en-ciel beau, nous ne pouvons pas savoir pourquoi le poète est le meilleur bienfaiteur de la société. Le soldat se bat pour sa terre natale, mais le poète touche cette terre avec le charme. cela vaut la peine de se battre et enflamme le cœur du guerrier avec une énergie invincible. L'homme d'État élargit et ordonne la liberté dans l'État, mais le poète favorise le noyau de liberté dans le cœur du citoyen. L'inventeur multiplie les facilités de la vie, mais le le poète rend la vie plus digne d'être vécue." - *George Wm. Curtis.*

"Tous les hommes n'ont pas la même valeur. Pas beaucoup de Platon : un seul, vers qui mille esprits inférieurs se tournent vers et apprennent à penser. Pas beaucoup de Dantès : un et mille poètes accordent leur harpe sur la sienne et répètent ses notes. Non " De nombreux Raphaël : un, et pas de second. Mais mille artistes inférieurs qui l'admirent sont élevés à son niveau. Peu de cœurs royaux - de grands magazines de gentillesse. Heureuse la ville bénie de quelques grands esprits et de quelques grands cœurs. Un un tel citoyen civilisera une communauté entière. "- *H.*

JE

LES ÉLÉMENTS DE VALEUR CHEZ L'INDIVIDU

Nos experts scientifiques enquêtent sur les gaspillages de la société. Leurs rapports indiquent que l'homme est un grand dépensier. Il ne semble pas tant un laboureur, tirant le meilleur parti des trésors de son jardin de vie, qu'un voleur pillant un entrepôt pour son butin.

Les voyageurs affirment qu'une partie des pinèdes du nord a été dévastée par les incendies inconsidérés de l'homme et une grande partie du reste par sa hache imprudente. Les experts en charbon insistent sur le fait qu'un pourcentage important de chaleur s'échappe de la cheminée. La nouvelle chimie prétend qu'une petite partie du précieux minerai est jetée sur le terril.

Dans les champs, les agriculteurs négligent quelques épis de maïs et croisent quelques poignées de blé. Dans l'atelier, les ciseaux laissent des lisières et des restes. Dans l'usine, la scie et le rabot refusent les dalles et les bords. Dans la cuisine, une partie de ce que le mari apporte est rejetée par la cuisine inutile de la femme. Mais les déchets secondaires entraînent des pertes encore plus lourdes. La négligence de l'homme dans l'usine brise des machines délicates, son ignorance gâte les matières premières, son oisiveté brûle les chaudières, son imprudence fait exploser les moteurs ; et aucune capacité de gestionnaire à jongler avec les chiffres en janvier ne peut récupérer les pertes de juin.

En parcourant la campagne, le voyageur trouve la charrue rouillée dans le sillon, les faucheuses et les moissonneuses exposées à la pluie et à la neige ; en traversant la ville, il voit les quais bordés de bateaux, les ruelles pleines de véhicules en panne, tandis que les rues montrent des hommes en panne. Un voyage à travers la vie est comme un voyage sur les traces d'une armée en retraite ; ici, un précieux wagon de munitions est abandonné parce qu'un forgeron imprudent a laissé un défaut dans le pneu ; là, un canon de cuivre est abandonné parce qu'un remorqueur était mal cousu ; là-bas, un brave soldat gît mourant dans le fourré où il est tombé parce que des hommes excités ont oublié l'usage d'une ambulance. Entre les gaspillages de l'intempérance et de l'ignorance, de l'oisiveté et des guerres de classes, les pertes de la société sont énormes. Mais la prodigalité de l'homme avec ses trésors matériels ne fait qu'interpréter son gaspillage des plus grandes richesses de l'esprit et du cœur. Les principales destructions de la vie se situent dans la cité de l'âme humaine. Beaucoup de personnes semblent essayer de résoudre ce problème : « Étant donné une âme remplie d'un grand trésor et trois-vingt-dix années de bonheur et d'utilité, comment peut-on tuer le temps et gaspiller le trésor ? La fierté de l'homme à l'égard de son écrin rempli de pierres précieuses doit être modifiée par la réflexion que chaque jour ses perles sont jetées devant des porcs, qui auraient dû être tissées en couronnes.

L'échec évident de l'homme à tirer le meilleur parti de sa vie matérielle suggère une étude des éléments chez chaque citoyen qui le rendent précieux pour son époque et sa communauté. Quelles sont les dimensions de l'humanité, et pourquoi certains ajoutent-ils chaque jour de nouveaux trésors au trésor de la civilisation, tandis que d'autres puisent et gaspillent le trésor déjà accumulé ? Ce sont des questions d'une importance vitale. Des estimations nombreuses et variées de la valeur de l'homme ont été faites. Les statisticiens estiment la valeur moyenne d'un homme à 600 dollars par an. Chaque travailleur du bois, du fer ou du laiton représente un moteur ou une installation industrielle d'une valeur de 10 000 dollars, produisant à 6 pour cent. un revenu de 600 $. La mort de l'ouvrier moyen équivaut donc à la destruction d'un moulin ou d'un moteur de 10 000 $. La perte économique due à la non-productivité de 20 000 ivrognes équivaut à un incendie à Chicago impliquant deux cents millions . Bien sûr, certains hommes produisent moins et d'autres plus de 600 dollars par an ; et il y en a qui n'ont aucune valeur industrielle – des non-producteurs, selon Adam Smith ; les pauvres, selon John Stuart Mill ; des voleurs, selon Paul, qui dit : « Que celui qui a volé ne vole plus, mais travaille plutôt ». Dans ce groupe, incluons les vagabonds, qui estiment que le monde leur doit de quoi vivre ; ce sont eux qui ne réalisent pas que la société les a soutenus tout au long de leur petite enfance ; leur a donné la langue, la littérature, la liberté. Les hommes sages savent que les plus nobles et les plus forts ont reçu de la société mille fois plus qu'ils ne pourront jamais rendre, bien qu'ils tourmentent jours et nuits par un labeur incessant. Dans ce nombre de personnes qui ne suffisent pas, il faut compter les pauvres, les pauvres plébéiens, entretenus dans l'hospice par de nombreux citoyens ; Pauvres patriciens, soutenus dans le palais par un citoyen, généralement père ou ancêtre ; les deux classes diffèrent en ce que l'une est la mousse en haut du verre et l'autre la lie en bas. A ces deux groupes, ajoutons les parasites sociaux, représentés par les voleurs, les ivrognes et les gens de bas rang dont le métier est de faire le commerce des passions humaines. Nous nous révoltons contre les pucerons rouges sur la plante, la chenille sur l'arbre, la vermine sur l'oiseau ou la bête. À combien plus forte raison nous révoltons-nous contre cette vermine humaine dont le rôle est de propager des parasites dans le corps politique ! La condamnation de la vie est qu'un homme consomme plus qu'il ne produit, retirant du grenier de la société ce que d'autres mains ont mis. L'éloge de la vie est qu'un homme se suffit à lui-même, prenant moins que ce qu'il a mis dans les réserves de la civilisation. .

Le capital originel d'un homme vient de son ascendance. La nature investit les capacités du grand-père et les complète pour le petit-fils. Platon dit : « L'enfant est un conducteur de char conduisant deux coursiers sur la longue colline de la vie ; un coursier est blanc, représentant nos meilleures impulsions ; un coursier est sombre, représentant nos pires passions. » Qui a donné leur couleur à ces chevaux ? Nos pères, répond Platon, et l'enfant ne peut pas changer un seul cheveu, blanc ou noir. Oliver Wendell Holmes voudrait nous faire croire que la valeur d'un homme est déterminée cent ans avant sa naissance. Le sol ancestral s'élève vers l'homme à l'esprit montagnard . Les grands n'apparaissent jamais soudainement. Sept générations d'ecclésiastiques se préparent à accueillir Emerson, chacune d'entre elles étant une pancarte indiquant le prochain philosophe. Le Mississippi a le pouvoir de soutenir les flottes de guerre ou de paix parce que les tempêtes de mille étés et les neiges de mille hivers lui ont donné profondeur et puissance. La mesure de la grandeur d'un homme est déterminée par les courants intellectuels et les marées morales qui descendent des collines ancestrales et se déversent dans l'âme humaine. La famille Bach comptait cent vingt musiciens. Paganini est né avec des muscles dans les poignets comme des fouets. Ce qui était unique chez Socrate l'était d'abord chez Sophronisque . Jean a couru devant Jésus, mais Zacharie a prédit Jean. Pas d'électricité le long des câbles, et pas de vérités vivantes vitales le long des nerfs des cordes jusqu'au cerveau spongieux. Il y a des millions de personnes dans notre monde qui sont devenues pauvres physiquement et moralement à cause des péchés de leurs ancêtres. Leurs ancêtres les ont condamnés à être des coupeurs de bois et des porteurs d'eau. Il faut un siècle avant qu'un de leurs enfants puisse gravir les échelons et montrer assez de force pour façonner un outil, esquisser un code, créer une industrie, réformer un tort. Les gouvernements despotiques ont rabougri les hommes, les ont rendus au sang maigre et aux sourcils bas, tous derrière la tête et sans front. Chaque enfant a été comparé à un tonneau dont les douves représentent des arbres poussant sur des collines éloignées et largement séparées ; certaines portées sont saines et solides, représentant des ancêtres bien vivants ; certains sont vermifugés, représentant des ancêtres dont l'intégrité a été consumée par les vices. À la naissance, tous les bâtons sont rassemblés dans le tonneau du nourrisson – vides, mais pour être remplis par les parents, les professeurs et les amis. De même que le tonneau à déchets dans la ruelle est rempli d'ordures et de crasse, de même les orphelins dans nos rues sont devenus des réceptacles de toutes les pensées et de tous les actes vicieux. Ces enfants ne sont pas tant nés que damnés. Mais comme l'enfance de certains est différente. Le jour de Pâques, dans les cathédrales étrangères, un beau vase est placé à côté de l'autel, et tandis que la foule se presse et que la procession solennelle avance dans les allées, hommes et femmes jettent dans le vase leurs cadeaux d'or et d'argent, de perles et de dentelles. et des textures riches.

L'enfant bien né semble être un tel vase, d'une beauté indicible, rempli de connaissances et d'intégrités plus précieuses que l'or et les perles. « Que celui qui sera grand choisisse les bons parents », telle était la devise du président Dwight.

Sous l'influence de l'élément racial, le travailleur du nord de l'Europe, considéré comme une machine de production, double la production industrielle de son frère du sud. L'enfant des tropiques est hors course. Pendant des siècles, il a somnolé sous le bananier, ne se réveillant que pour secouer l'arbre et faire tomber des fruits mûrs pour satisfaire sa faim, mangeant pour se rendormir. Ses muscles sont flasques, son sang est fluide, son cerveau n'est pas à la hauteur de la tension de deux idées en une journée. Lorsque Sir John Lubbock eut nourri le chef des îles des mers du Sud , il commença à lui poser des questions, mais au bout de dix minutes, le sauvage s'endormit profondément. Une fois réveillé, le vieux chef dit : « Les idées m'endorment tellement. » De même, le sang chaud des Vénitiens a donné peu de grands hommes à la civilisation ; mais les collines de l'Écosse et de la Nouvelle-Angleterre produisent des savants, des hommes d'État, des poètes, des financiers, avec l'empressement avec lequel le Texas produit du coton ou du maïs du Missouri. L'histoire fait remonter certaines nations influentes à un seul ancêtre doté d'une force physique et de caractère unique. Ainsi Abraham, Thésée et Cadmus apparaissent comme des sources alimentant de grands fleuves toujours plus nombreux. Un penseur sage et original fonde une tribu, façonne le destin d'une nation et se multiplie dans la vie de millions de personnes à venir. Conformément à cette loi, la ténacité reparaît chez tout Écossais ; l'esprit brille chez chaque Irlandais ; la vivacité est dans le sang de tout Français ; le Saxon est un colonisateur et créateur d'institutions. Lors de la construction du canal de Suez , on découvrit que les ouvriers aux veines remplies de sang teutonique avaient une valeur commerciale deux fois et demie supérieure à celle des Égyptiens. De même, pendant la guerre indienne, les troupes des Highlands ont enduré deux fois plus de pression que les forces indigènes. Napoléon a raccourci la stature du peuple français de deux pouces en choisissant les plus grands de ses 30 000 000 de sujets et en les tuant à la guerre. Horace Mann, indigné, pense que "le front de la paysannerie irlandaise a été baissé d'un pouce lorsque le gouvernement a fait du fait d'être un enseignant d'enfants un délit passible d'une amende, d'une peine d'emprisonnement et de la mort d'un traître". Un gouvernement méchant peut provoquer des angoisses, des épidémies, brutaliser une race et aller de l'avant, enchaîner les générations à naître. "Le sang raconte", dit la science. Mais le sang est l'élément radical distribué à intérêts composés et transmis aux générations à naître.

La deuxième mesure de la valeur d'un homme pour la société se trouve dans sa dotation originelle de force physique. Le stock de force vitale de l'enfant est son capital sur lequel il peut être échangé. Toutes choses égales par ailleurs, sa valeur productive doit être estimée mathématiquement sur la base de son physique. Né faible et sans nerfs, il doit se rendre dans l'ambulance de la société et ainsi entraver la marche en avant. Né vigoureux et robuste, il peut aider à dégager la route forestière ou à diriger les colonnes qui avancent. Fondamentalement, l'homme est une machine musclée qui produit les idées qui façonnent la conduite et le caractère. Toute pensée fine repose sur un pied posé sur de fines fibres cérébrales. Étant donné de grands organes physiques, des poumons ayant une capacité suffisante pour oxygéner les courants vitaux lorsqu'ils montent ; de grandes artères à travers lesquelles le sang peut circuler pleinement, couler et être glorifié ; un cerveau sain et équilibré avec un système nerveux compact, et vous disposez des bases pour calculer quelle sera la valeur d'un homme pour la société. Les hommes diffèrent, bien sûr, sur de nombreux points : ils diffèrent par le nombre et l'étendue de leurs affections, par l'étendue de leur conscience, par leur goût et leur imagination, et par leur énergie morale. Mais le point de divergence initial est physique. Certains ont un corps petit et un esprit puissant, comme un moteur Corliss dans un petit bateau, dont la frêle structure sera bientôt mise en pièces. D'autres naissent avec un corps imposant et très peu d'esprit, comme si un moteur de jouet était réglé pour faire fonctionner une vache à boue . Cela signifie que le pauvre ingénieur doit rester en amont toute sa vie. D'autres, par ignorance des parents, ou par accident du fait de l'allaitement, ou par leur propre erreur ou péché, détruisent leur capital corporel. Bientôt, ils sont comme des bateaux jetés haut et à sec sur la plage, voués au craquelage et à la pourriture. Puis, à ces faiblesses absolues, s'ajoutent les disproportions du corps, les distempératures des divers organes. Il n'est pas nécessaire pour abîmer une montre d'en briser tous les roulements ; une vis desserrée arrête toutes les roues. Ainsi, une très légère erreur quant à la gestion du mécanisme corporel suffit à empêcher un bon travail créatif en tant qu'auteur, orateur ou inventeur. Peu d'hommes, peut-être, apprennent à gérer leur cerveau et leur estomac de manière à être capables d'agir sous haute pression pendant des jours, jusqu'à ce que les forces mentales cumulatives franchissent tous les obstacles et conquièrent le succès. Un grand leader représente une sorte d'essence du bon sens, mais le bon sens robuste est la santé mentale des nerfs et du cerveau. Celui qui gouverne et dirige doit avoir un esprit et une volonté, mais il doit aussi avoir une poitrine et un ventre. Beecher dit que l'affût de l'arme doit être proportionné à l'arme qu'il transporte. Quand la santé diminue, l'arme est renforcée. Les idées sont des flèches et le corps est l'arc qui les renvoie chez eux. L'esprit vise ; le corps tire.

Une bonne santé peut être meilleure que le génie, la richesse ou l'honneur. C'est lorsque le gymnase eut fait de chaque jeune Athénien un Apollon en santé et en force que les pieds de la race grecque parcouraient avec le plus d'agilité les sentiers de l'art, de la littérature et de la philosophie.

Un autre test de la valeur d'un homme est intellectuel. Le plus grand gaspillage de toute nation est dû à l'ignorance. L'échec est le manque de connaissances ; le succès, c'est savoir comment. La richesse ne réside pas dans les choses en fer, en bois et en pierre. La richesse est dans le cerveau qui organise le métal. La fonte brute vaut 20 dollars la tonne ; transformé en fers à cheval, 90 $; en lames de couteau, 200 $; en ressorts de montre, 1 000 $. Autrement dit, le fer brut 20 $, la puissance cérébrale 980 $. Millet a acheté un mètre de toile pour 1 franc, a payé 2 francs de plus pour une brosse à cheveux et quelques couleurs ; sur cette toile il répandit son génie en nous donnant « L'Angélus ». L'investissement initial en matières premières était de 60 cents ; ses renseignements donnaient à cette matière première une valeur de 105 000 $. L'une des images exposées à l'Exposition universelle représentait un sauvage debout au bord d'un ruisseau, anxieux mais ignorant comment il pourrait traverser le flot. La connaissance du métal à ses pieds donna au sauvage une hache ; la connaissance de l'arbre lui donna un canot ; la connaissance de l'union des canoës lui donna un bateau ; la connaissance du vent a ajouté des voiles ; la connaissance du feu et de l'eau lui a donné le bateau à vapeur. Maintenant, si nous pouvions retirer au capitaine debout à la proue de ce palais flottant, la ville de New York, le savoir de l'homme comme nous enlevons la pelure après l'autre d'un oignon, nous aurions du bateau à vapeur en fer, d'abord, un voilier, puis un canot, puis une hache et un arbre, et enfin un sauvage, nu et impuissant à traverser un petit ruisseau. En dernière analyse, c'est l'ignorance qui gaspille ; c'est la connaissance qui sauve ; c'est la sagesse qui donne la priorité. Si le sommeil est le frère de la mort, l'ignorance est le propre frère du sommeil et de la mort. Une faculté non instruite est à la fois calme et morte. Un homme ignorant a été défini comme quelqu'un « que Dieu a emballé et que les hommes n'ont pas déployé. Les meilleures forces chez un tel homme sont perpétuellement paralysées. Il a des yeux, mais il ne peut pas voir la longueur de sa main ; il a des oreilles et tous les plus beaux sons de la création lui échappent ; il a une langue, et elle est toujours gaffeuse. » Un mécanicien qui possède un coffre de quarante outils et ne peut utiliser que le marteau, la scie et la vrille, a peu de chance avec ses camarades et se retrouve bientôt loin derrière. Un esprit instruit est celui qui est pleinement éveillé à tous les paysages, scènes et forces du monde dans lequel il évolue. Cela ne veut pas dire qu'on peut faire d'un garçon à deux cents un homme à 2 000 $ en l'envoyant à l'université. L'éducation est un travail d'esprit ; cela change la taille mais pas le tri. Mais si aucun exercice ne permet à un poney Shetland d'afficher une allure de deux minutes, le pur-sang ne montrera pas non plus cette vitesse sans une éducation longue, assidue et patiente. Les principales sources de la richesse de notre nation ne se trouvent pas dans les champs, les forêts et les mines, mais dans les écoles gratuites, les églises et l'imprimerie. L'ignorance engendre la misère, le vice et le crime. Méphistophélès était un diable cultivé, mais il fait exception. L'histoire ne connaît aucun voyant, ni sage, ni saint analphabète. Aucun Dante ou Shakespeare n'a jamais eu à faire « sa marque X ».

Lorsque John Cabot Lodge a étudié la répartition des capacités aux États-Unis, il a constaté qu'en quatre-vingt-dix ans, cinq des grands États occidentaux n'avaient produit que vingt-sept hommes mentionnés dans les encyclopédies américaines et anglaises, tandis que le petit Massachusetts n'avait produit que vingt-sept hommes mentionnés dans les encyclopédies américaines et anglaises. 2 686 auteurs, orateurs, philosophes et bâtisseurs d'États. Mais l'analyse montre que la différence réside dans l'éducation et les idées. Boston diffère du Québec tout comme leurs méthodes d'enseignement. Les colons de la Nouvelle-Angleterre étaient des hommes d'Oxford et de Cambridge qui représentaient le meilleur sang, le meilleur cerveau et la meilleure culture accumulée de la vieille Angleterre. Atterrissant dans la forêt, ils regroupèrent leurs cabanes autour du bâtiment qui était à la fois église, école, bibliothèque et mairie. Se levant tôt et se levant tard, ils impriment à leur jeunesse des idées de liberté et d'intelligence. Ils se sont réunis le dimanche matin à neuf heures pour écouter une prière d'une heure, un sermon de trois heures, et après un déjeuner froid, ils ont entendu un deuxième bref sermon de deux heures et demie. Ceux qui ne sont pas morts sont devenus grands. . Ce que dimanche a commencé, la semaine s'est poursuivie. On peut sourire de leurs méthodes mais il faut admirer les hommes qu'ils ont produits. Marquez l'histoire intellectuelle de Northampton. Au cours de son histoire, cette ville a envoyé 114 avocats, 112 ministres, 95 médecins, 100 éducateurs, 7 présidents d'université, 30 professeurs, 24 éditeurs, 6 historiens, 14 auteurs, parmi lesquels George Bancroft, John Lothrop Motley, le professeur Whitney, le feu JG Holland; 38 officiers d'État, 28 officiers des États-Unis, dont des membres du Sénat, et un président. Comment se fait-il que cette petite colonie ait suscité cette grande compagnie d'auteurs, d'hommes d'État, de réformateurs ? Aucun hasard ne fonctionne ici. La relation entre le soleil et la récolte n'est pas plus essentielle que la relation entre ces gens et leurs illustres descendants. Les fruits selon leur espèce sont l'explication divine de l'influence de Northampton sur la nation. "L'éducation rend les hommes grands", telle est la maxime divine. George William Curtis a déclaré : « Les dirigeants révolutionnaires étaient tous des hommes formés, comme l'ont toujours été les dirigeants du monde depuis le jour où Thémistocle conduisit les Athéniens instruits à Salamine, jusqu'à celui où Von Moltke rassembla les Allemands instruits contre la France. les États reposent sur la connaissance, non sur l'ignorance ; et tout mépris de l'éducation, de l'apprentissage par les livres, qui est la sagesse enregistrée de l'expérience de l'humanité, est un mépris du démagogue envers la liberté intelligente, invitant à la dégénérescence et à la ruine nationales.

Considérez également comment les inadaptés de la vie affectent la valeur de l'homme. L'homme qui réussit saisit la poignée de son être. Il avance dans la ligne de moindre résistance. Celui qui accomplit le plus est celui dont le cœur chante pendant que sa main travaille. Comme les animaux, les hommes ont des usages variés. L'alouette chante, le bœuf porte des fardeaux, le cheval est pour la force et la vitesse. Mais les hommes qui sont sages envers les bêtes sont souvent insensés envers eux-mêmes. Des multitudes se traînent vers l'usine ou le champ qui se seraient dirigées vers le forum avec « les pieds comme pattes de derrière ». D'autres multitudes s'inquiètent et s'irritent au bureau dont les désirs sont dans les rues et les champs. Celui qui se bat pour une tâche qu'il déteste sert un maître dur, et l'esclave n'obtient qu'une maigre rémunération. Si un fermier attelait ses chevaux à un télescope et essayait de labourer avec, il ruinerait l'instrument en été et affamerait sa famille en hiver. Ce ne sont pas les souhaits des parents, ni la vanité de la femme, ni la fierté de la place, mais Dieu et la nature qui choisissent l'occupation. Chaque enfant est unique, aussi nouveau que le premier arrivé sur cette planète. L'école doit aider le garçon à découvrir les outils intellectuels dont il dispose ; l'éducation ne change pas, mais met du tempérament dans ces outils. Aucun homme ne peut modifier son tempérament, même si essayer de le faire peut lui briser le cœur. Comme c'est pathétique les épaves d'hommes qui ont choisi le mauvais métier ! Le cocher baigne l'épaule meurtrie d'un cheval dont le collier ne lui va pas, mais quand les hommes font leurs erreurs et que le cœur est douloureux, la société ne l'apaise pas, mais avec des fouets elle fouette l'homme pour qu'il accomplisse sa tâche infructueuse. Cette grande classe peut être considérée comme improductive. John Stuart Mill a placé les désaccords industriels parmi les pertes les plus lourdes de la société.

À cet élément de sagesse dans la relation avec ses devoirs, il faut ajouter l'habileté à entretenir des relations harmonieuses avec ses semblables. Les hommes peuvent produire beaucoup par industrie et par leurs capacités, et pourtant en détruire davantage par les éléments malfaisants qu'ils transportent. L'employeur fier et dominateur détruit d'une main ce qu'il a construit de l'autre. Un homme insensé peut coûter un trésor inestimable à une ville. Combien d'usines ont fait faillite parce que leurs propriétaires n'ont aucune compétence pour gérer les hommes et apaiser les difficultés. L'histoire montre que les trônes stupides et les guerres vont de pair, tandis que les rois habiles apportent de longs intervalles de paix. En comparant les méthodes de deux hommes éminents, un éditeur a dit un jour : « Le premier homme à avoir gagné un million a coûté dix millions à la société ; mais l'autre a produit son million de manière à en ajouter dix de plus à la richesse de la société. » Une des grèves les plus désastreuses de l'histoire de l'Angleterre trouve son origine dans l'ignorance de ce principe. Les mineurs d'un certain bassin houiller avaient subi une sévère réduction de salaire. Ils étaient déterminés à l'accepter, même si cela privait leurs enfants de l'école et leur enlevait leur dîner de viande. Lorsque l'heure fixée pour la conférence fut venue, la prudence aurait voulu qu'on se prémunisse contre toute cause d'irritation. Mais l'employeur conduisit bêtement sa voiture en livrée au milieu de la foule immense des ouvriers et, pendant une heure, exhiba sa richesse devant les mineurs au cœur endeuillé. Lorsque les hommes virent le valet de pied, les chevaux cabrés, les harnais plaqués or et pensèrent à leurs femmes affamées, ils revinrent sur leur acceptation de la réduction des salaires. Ils se lancèrent dans une longue grève, prenant pour devise : « Des fourrures pour ses valets de pied et de l'or pour ses chevaux, et aussi trois repas par jour pour nos femmes et nos enfants ». Or, la grève et les émeutes qui ont suivi, qui ont duré longtemps, ont coûté à l'Angleterre 5 000 000 de livres sterling. Mais cette grève amère était inutile. Ce sont ces hommes qui démontent les roues des chars pour les armées de Dieu qui avancent. Lorsqu'arrive au front quelqu'un qui sait apaiser les frictions, toute la société entame une nouvelle marche en avant. L'habileté à se comporter personnellement a beaucoup à voir avec la valeur d'un homme.

L'intégrité améliore la valeur humaine. Les iniquités dévastent une ville comme le feu et la peste. La richesse sociale et le bonheur passent par une vie juste. La bonté est une marchandise. La conscience chez un caissier a une valeur monétaire. Si les arts et les industries sont des fleurs et des fruits, les morales sont les racines qui les nourrissent. La désobéissance est l'esclavage. L'obéissance est la liberté. La désobéissance à la loi du feu, de l'eau ou de l'acide est la mort. L'obéissance à la loi de la couleur donne à l'artiste son talent ; l'obéissance à la loi de l'éloquence donne à l'orateur sa force ; l'obéissance à la loi du fer donne à l'inventeur son outil ; la désobéissance à la loi morale engendre le gaspillage, le besoin et la misère. Cet individu ou cette nation se précipite vers la pauvreté qui n'aime pas le bien et déteste le mal. La pénalité en cas de méfait est si certaine que le péché semble infiniment stupide. Toute transgression est comme une plaque de fer jetée en l'air ; la gravité la ramènera sur la tête du malfaiteur pour le blesser. On a dit que trahir sa confiance pour de l'argent, c'est se mettre au même niveau intellectuel qu'un singe qui se brûle la gorge avec de l'eau bouillante parce qu'il a soif. Un ivrogne est celui qui échange de l'ambroisie et du nectar contre des ordures. Un débauché est celui qui décline une invitation à un banquet avec les dieux afin de pouvoir dîner dans un tonneau de cendres. Ce qu'est le fléau pour la vigne, le péché l'est pour l'homme. Lorsque le premier voleur apparut dans la colonie de Plymouth, un homme fut retiré des champs pour fabriquer des serrures pour les maisons ; lorsque deux voleurs arrivaient, un deuxième ouvrier était retiré de l'usine pour servir de veilleur de nuit. Bientôt, d'autres furent retirés de l'industrie productive pour construire une prison et interpréter et exécuter la loi. Chaque péché coûte beaucoup d'argent à l'État. Considérez quel gaspillage la haine a provoqué. Autrefois, l'Italie, la Grèce et l'Europe centrale formaient un vaste entrepôt rempli de précieux trésors d'art. Mais les hommes ont transformé les cathédrales en arsenaux de guerre. Si les employés d'un magasin de porcelaine ou de verre taillé s'acquittaient de leur devoir le matin, et chaque après-midi se livraient à une bataille rangée, au cours de laquelle ils se jetaient les vases, les tasses et les médaillons, et chaque soir en ramassaient un morceau. de vase, ici une Vénus sans bras et là un Apollon sans tête, à ranger pour que les générations futures puissent l'étudier, nous devrions avoir ce qui répond précisément à ce qui s'est passé pendant des siècles à travers les haines et les guerres de classes. Un regard sur la société ressemble beaucoup à une visite à Lisbonne après qu'un tremblement de terre ait rempli les rues de débris et secoué les maisons, les palais et les temples. L'histoire est pleine de ruines de villes et d'empires. Ce n'est pas le temps, mais la désobéissance qui a provoqué leur destruction. De nouvelles civilisations seront élevées par les générations futures ; la droiture posera les fondations et l'intégrité achèvera la structure. Le temple est la justice dans laquelle Dieu habite.

"Ayez la vie plus abondamment." L'homme n'est pas condamné à une allocation limitée ni à un montant fixe, mais il est attiré par une possibilité non mesurée. La personnalité peut être élargie et enrichie. On dit que Cromwell était la meilleure chose que l'Angleterre ait jamais produite. Et la mission de Jésus-Christ est de porter chacun de la petitesse à la grandeur. Il a toujours été vrai que lorsqu'un génie, par exemple Watt, invente un modèle, les gens l'ont reproduit d'innombrables fois. Ainsi, ce que l'homme demande, ce n'est pas l'augmentation du talent inné, mais un modèle selon lequel cette matière première peut être façonnée. Le carbone produit du charbon de bois, et le carbone produit également du diamant, mais la « mer de lumière » est du carbone cristallisé selon un motif. Les constructeurs posent les briques selon un plan ; le musicien suit sa partition ; la valeur d'une cathédrale d'York ne réside pas dans le nombre de cordons de pierre, mais dans le plan qui les organise ; et la valeur d'un homme réside dans la réponse à cette question : les matières premières de la nature ont-elles été transformées en unité et en harmonie par le modèle de la vie humaine ? Chaque jour, il est là pour remuer l'esprit avec de saintes ambitions ; donner au cœur de nobles aspirations ; inspirer avec un courage conquérant; pour vitaliser toute la virilité. En rendant l'individu riche intérieurement, il crée de la valeur extérieurement. Car toutes choses sont les premières pensées. Les outils, les tissus, les bateaux, les maisons, les livres sont d'abord des idées, ensuite cristallisées dans une forme extérieure. Un grand tableau est une belle conception qui s'exprime visiblement sur la toile. Réveillez le goût chez un homme et il embellit sa maison. Réveillez la conscience et il chasse les iniquités de son cœur. Réveillez ses idées de liberté et il façonne de nouvelles lois. Jésus-Christ est là pour enflammer l'âme intérieure de l'homme afin qu'il puisse transformer et enrichir sa vie extérieure. Aucun tableau jamais peint, aucune statue jamais sculptée, aucune cathédrale jamais construite n'est à moitié aussi belle que l'homme formé par le Christ. Quelle est la valeur de l'homme pour la société ? Que celui qui sait ce qui est en nous réponde : « À quoi sert-il à un homme de gagner le monde entier et de perdre son âme ?

NOTES DE BAS DE PAGE :

Antiquités de Northampton. Clark.

CARACTÈRE : SON MATÉRIEL ET SES ENSEIGNANTS EXTERNES

"Le caractère est plus que l'intellect. Une grande âme sera forte pour vivre, ainsi que pour penser. La bonté éclipse le génie, tout comme le soleil fait que la lumière électrique projette une ombre." - *Emerson.*

« Ce que l'homme supérieur cherche est en lui-même ; ce que l'homme petit cherche est chez les autres. » — *Confucius.*

"Après tout, le genre de monde que l'on porte en soi est la chose importante, et le monde extérieur en tire toute sa grâce, sa couleur et sa valeur." - *James Russell Lowell.*

"Sèmez un acte et vous récoltez une habitude; semez une habitude et vous récoltez un caractère; semez un caractère et vous récoltez un destin." - *Anon.*

« Apprends-nous donc à compter nos jours afin que nous puissions appliquer notre cœur à la sagesse. » — *Psaume 90.*

II

CARACTÈRE : SES SUPPORTS ET SES ENSEIGNANTS EXTERNES

En mourant, Horace Greeley s'est exclamé : « La renommée est une vapeur, la popularité un accident, la richesse prend des ailes, ceux qui applaudissent aujourd'hui maudiront demain, une seule chose dure : le caractère ! Ces paroles lourdes rappellent à tous que la seule tâche de la vie est de devenir viril. Notre monde est une université, les événements sont des professeurs, le bonheur est le point d'obtention du diplôme, le caractère est le diplôme que Dieu donne à l'homme. Les forces qui augmentent le bonheur sont nombreuses, notamment l'argent, les amis, la position ; mais une seule chose est indispensable au succès : la valeur personnelle et la virilité. Celui qui se présente revêtu du véritable poids de la bonté ne peut être ni faible dans la vie, ni oublié dans la mort. La société admire son savant, mais elle vénère et aime son héros dont l'intellect est revêtu de bonté. Car le caractère n'est pas une question d'intellect, mais de disposition. Ses qualités frappent et colorent l'esprit et le cœur alors même que l'été donne aux fruits mûrs une maturité juteuse.

De ce noble Grec qui gouvernait sa ville par des lois non écrites, le peuple disait : « Le caractère de Phocion est plus que la constitution. Le poids du bien chez Lamartine était tel que, pendant les jours sanglants de Paris, ses portes restaient ouvertes. Son caractère était une défense au-delà de la force des parois rocheuses ou des régiments armés. Emerson dit qu'il y avait un certain pouvoir chez Lincoln, Washington et Burke qui ne pouvait être expliqué par leurs paroles imprimées. Burke, l'homme, était indiciblement meilleur que tout ce qu'il disait. De même qu'une source est plus que la coupe qu'elle remplit, de même qu'un poète ou un architecte est plus que les chansons qu'il chante ou le temple qu'il élève, de même l'homme est plus que le livre ou l'entreprise qu'il façonne. La Terre recèle de nombreuses scènes merveilleuses appelées temples, champs de bataille, cathédrales, mais la terre ne recèle aucune scène comparable en majesté et en beauté à un homme revêtu certes d'intellect, mais orné aussi d'intégrité et de vertus. En voyant un tel homme, Milton s'est bien exclamé : « Un homme bon est le fruit mûr que notre terre tend à Dieu. »

Le caractère a été défini comme le produit conjoint de la nature et de l'éducation. La nature donne la matière première, le caractère est la statue sculptée. La matière première comprend la dotation raciale, le tempérament, le degré de force vitale, la mentalité, l'aptitude à l'outil ou à l'industrie, à l'art ou à la science. Ces dons de naissance sont des quantités fixes et inaltérables. Aucun déchirement ne peut transformer la nature aux deux talents en un homme aux dix talents. Aucune agonie d'effort ne peut ajouter une coudée à la stature. L'aigle survole le gouffre aussi facilement qu'une fourmi rampe sur la fissure du sol. Shakespeare écrit Hamlet aussi facilement que Tupper écrivait ses contes. Un chêne un jour, un chêne toujours. Les soins et la culture peuvent épaissir la circonférence de l'arbre, mais aucun degré de culture ne peut amener une branche de chêne à produire des figues au lieu de glands. La rébellion contre le tempérament et les circonstances finira certainement par briser le cœur. Le bonheur et le succès commencent par l'acceptation sincère du don de naissance et de la carrière que Dieu a choisis.

Puisque nul homme ne peut faire de son mieux sans utiliser ses facultés les plus fortes, le premier devoir de chacun est de rechercher la ligne de moindre résistance. Celui qui a un génie pour les thèmes moraux mais s'est attelé à la charrue ou à la forge risque de détruire à la fois son bonheur et son caractère. Tous ces inadaptés sont fatals. Aucun fermier n'attelage un faon à la charrue, ni ne met un bœuf dans le chariot qui roule à toute allure. Le problème de la vie est de faire un bon inventaire des dons que l'on porte. De même qu'aucun menuisier ne sait quels outils se trouvent dans la boîte avant d'avoir soulevé le couvercle et déballé un instrument brillant après l'autre, de même les instruments dans l'âme doivent être dévoilés par l'éducation. Nous vivons dans un monde où l'inventeur accompagne la machine d'un tableau illustrant l'utilisation de chaque roue et de chaque échappement. Mais aucun bébé couché dans le berceau n'a jamais apporté avec lui un manuel décrivant son équipement mental et soulignant son aptitude à tel métier, tel art ou industrie. Le jardinier plante une racine avec la parfaite certitude qu'une rose poussera, mais aucun homme n'est un prophète assez sage pour dire si cet enfant deviendra un penseur, un acteur ou un rêveur. A chacun, la Nature murmure : « Invisible , invisible, retenez ce que vous avez. » Car l'âme est sans ombre et mystérieuse. Aucune main ne peut en sculpter les contours, aucun pinceau n'en trace les traits. Même la mère qui incarne son enfance et porte ses faiblesses, l'étudiant jour et nuit au fil des années, ne voit pas, elle ne peut pas voir, ne sait pas, elle ne peut pas savoir, dans quelle splendeur de maturité l'enfant se développera.

L'homme regarde ses semblables comme on regarde un volume écrit dans une langue étrangère ; la reliure extérieure est visible, le contenu intérieur n'est pas lu. D'une manière générale, la phrénologie et la physionomie sont utiles, mais il est plus facile de déterminer quel genre d'homme vit dans la maison en regardant la poignée de sa porte d'entrée que de déterminer le cerveau et le cœur qui s'y trouvent en étudiant les bosses sur le visage et le front. Le dicton de la nature est : « Prenez le contrôle de votre propre être ». Chacun doit façonner son propre caractère. La nature donne des arbres, mais pas des outils ; des forêts, mais pas des meubles. Ainsi, la nature fournit à l'homme les matériaux et l'environnement nécessaires à sa naissance ;

l'homme doit transformer ces matériaux en ces qualités appelées industrie, intégrité, honneur, vérité et amour, en s'inspirant toujours de cet homme idéal, Jésus-Christ.

Les influences qui façonnent le caractère des matières premières naturelles sont nombreuses et variées. Autrefois, le voyant comparait l'âme à de l'argile. La boue tombe sur la planche devant le potier, une masse grossière, sans forme ni beauté. Mais une heure après, l'argile surgit, parée de toute la beauté d'un joli vase. Ainsi, l'âme commence, une simple masse d'esprit, mais des mains nombreuses et puissantes la façonnent bientôt dans les contours d'un homme ou d'une femme noble. Ces sculpteurs de caractère incluent la maison, l'amitié, la profession, les voyages, le succès, l'amour, le chagrin et la mort.

Le premier enseignant de la vie est le monde extérieur, avec ses lois. L'homme commence à zéro. L'enfant met son doigt dans le feu et se brûle ; il apprend désormais à se retenir en présence du feu, et fait frapper par les flammes la vapeur pour conduire un train ou un bateau. L'enfant se trompe en maniant l'outil tranchant et se coupe ; désormais il lève la hache sur l'arbre. L'enfant se méprend sur le poids d'une pierre ou sur la hauteur d'un escalier et, en tombant, des coups violents lui apprennent la nature et l'usage de la gravité. Chaque jour, les épines qui lui transpercent les pieds le ramènent dans le droit chemin des lois de la nature. Les douleurs vives qui suivent chaque excès lui apprennent les plaisirs d'une vie saine et juste. Il n'existe pas non plus une seule infraction à la loi qui ne soit suivie de souffrance. De même que des gardes aiguisés sont placés sur le côté du pont au-dessus du gouffre pour retenir les hommes de l'abîme, de même les lois de la nature sont implantées de chaque côté du mode de vie pour piquer et fouetter les pieds égarés dans la voie divine. Enfin, à force de frapper le corps, la nature force le jeune à connaître le monde dans lequel il vit. L'homme apprend à se déplacer en toute sécurité dans les forêts, au-dessus des rivières, à travers les incendies, au milieu des vents et des tempêtes. Bientôt, chaque force de la nature se présente comme son serviteur volontaire ; devenant semblables aux coursiers des plaines, autrefois sauvages, mais maintenant dressés, et prêtant toute leur force et leur force aux reins et aux membres de l'homme.

Ayant maîtrisé le domaine des lois physiques, le jeune est propulsé dans le domaine des lois domestiques et sociales. Il se heurte à ses compagnons et amis, outrepassant souvent ses propres droits et portant atteinte à ceux des autres. Alors un bras plus fort s'abat sur lui et le repousse sur son propre territoire. Des châtiments occasionnels de la part du parent et du professeur, ami ou ennemi, lui révèlent la nature de l'égoïsme et l'obligent à être reconnus par les autres. Ainsi, au cours d'un long apprentissage, le jeune découvre les lois qui l'entourent, qui le pressent à tous les pores, de jour comme de nuit, dans l'atelier ou dans le magasin, chez lui ou à l'étranger. Peu à peu, ces lois font mûrir la virilité. Lorsque les idées sont injectées dans le fer brut, le fer devient un métier à tisser ou un moteur. Ainsi, lorsque les lois de Dieu s'incarnent dans un bébé, l'enfant se transforme en l'image d'un citoyen, d'un sage ou d'un voyant. La nature, avec ses lois, est non seulement la première mais aussi la plus puissante des instructrices de la vie.

La tentation est un autre professeur. La protection donne l'innocence, mais la pratique donne la vertu. Pour le bois de navire, nous passons devant la serre abritée, à la recherche du chêne sur les collines balayées par la tempête. Dans cette belle histoire du paradis perdu, Dieu abat la haie construite autour d'Adam et Ève. Le gouvernement au travers d'une clôture à l'extérieur a été remplacé par l'autonomie à l'intérieur. L'ermite et le saint cloîtré terminent leur carrière dans l'innocence. Mais Christ, luttant jusqu'au sang contre le péché, termine sa carrière avec caractère. Dieu éduque l'homme en lui donnant la pleine responsabilité de lui-même et en le mettant sur « le cheval nu de sa propre volonté », lui laissant le soin de le briser par ses propres forces. Les voyageurs en Alaska nous disent que les baies sauvages y atteignent une douceur que notre climat tempéré ignore. Les scientifiques disent que le ver luisant tient ses ennemis à distance grâce à l'éclat de sa propre lumière. L'homme, par son amour de la vérité et du droit, devient son propre château et sa propre forteresse. Les villes ne dépendent plus des veilleurs de nuit pour se prémunir contre les maraudeurs et les cambrioleurs. Autrefois, les hommes faisaient confiance aux coffres-forts et aux barreaux de fer aux fenêtres. Désormais, les banquiers demandent des lumières électriques pour garder leurs coffres au trésor.

Pendant des siècles, les lois paternelles espagnoles ont obligé chaque Espagnol à demander à son Église ce qu'elle devait penser et croire. Cette méthode a privé ces gens de leur virilité durable et autonome, et en a fait une race de faibles. Car la surprotection est un péril. La force vient de la lutte, la connaissance de l'observation, la sagesse de la réflexion et le caractère de l'endurance et de la lutte. L'exposition est souvent une chance. Chaque Luther et chaque Cromwell ont été tentés et tempérés face au jour du danger et de la bataille. De même que la vieille garde victorieuse était honorée en proportion du nombre et de la sévérité des guerres qu'elle avait traversées, de même les tentations qui cherchent la destruction de l'homme, une fois vaincu, le couvrent de gloire. Ruskin note que les époques artistiques ont également été des époques de guerre, de bouleversements et de tyrannie. Il explique cela en disant que lorsque la tyrannie était la plus dure, le crime le plus noir, le péché le plus laid, alors, dans le recul et le conflit, la beauté et l'héroïsme atteignirent leur plus haut développement.

Étudiant l'essor de la république hollandaise, Motley note comment les chocs et les baptêmes enflammés de la guerre ont transformé ces paysans en patriotes. D'où l'engouement de la société pour son héros, tout cicatrisé et gris. Nous admirons l'innocence de l'enfant, mais il manque de maturité et de maturité ; ce ne sont qu'une poignée de germes. Mais chaque cœur s'allume et brille lorsque le véritable héros se présente dans la personne d'un Paul ou d'un Savonarole, d'un Luther ou d'un Lincoln, ayant traversé le feu, le déluge, tous les tonnerres de la bataille de la vie, mûrissant, adoucissant et élargissant toujours son la finesse et la douceur étant le résultat d'une grande force et d'une grande sagesse, accumulées au cours d'une longue vie, jusqu'à ce qu'il se tienne, à la fin de sa carrière, comme le soleil se lève un après-midi d'été juste avant de se coucher. Toutes les statues et images deviennent sordides en comparaison d'un cœur si riche, si mûr, si brillant et si glorieux, revêtu d'un caractère semblable à celui du Christ.

incluent également la nouveauté et le dynamisme. Premièrement, l'homme vit sa vie à travers de nouvelles expériences personnelles. Puis, par observation, il répète sa vie dans la carrière de ses enfants. Une troisième fois, il fait le tour du cercle, revivant la vie de ses petits-enfants. Puis, parce que la nouveauté est passée et que les événements ne stimulent plus son esprit, la mort retire l'homme de la scène et l'inscrit dans une école nouvelle. Vaste est donc la valeur éducative attachée à la nouveauté de la vie. Dieu est si riche qu'aucun jour ni aucune scène n'ont besoin de répéter un précédent. Le proverbe « Nous ne regardons jamais le même fleuve » nous dit que toutes choses changent constamment et que les vêtements éprouvent chaque jour une nouvelle fascination. « Pendant que je lis les poètes, dit Emerson, je pense qu'on ne peut rien dire de nouveau sur le matin et le soir ; mais quand je vois le jour se lever , je ne me souviens pas des images homériques et chaucériennes. Je suis réconforté par l'humidité, heure chaude, scintillante, naissante et mélodieuse qui brise les murs étroits de mon âme et étend sa vie et ses pulsations jusqu'à l'horizon.

Ainsi, chaque nouveau jour est un nouveau continent à explorer. Chaque jeune est une nouvelle créature, pleine de possibilités délicieuses et mystérieuses. Chaque cerveau est doté de son propre secret, possède sa propre orbite et atteint sa propre expérience unique. Notre monde est dans lequel chaque individu, chaque pays, chaque époque, chaque jour a une histoire qui lui est propre. Cette nouveauté est un perpétuel stimulant à la curiosité et à l'étude. La recette de Gladstone pour ne jamais vieillir est la suivante : "Recherchez un sujet dans la nature ou dans la vie qui ne vous a jamais intéressé jusqu'à présent et découvrez ses fascinations." Pour certains, une fois qu'une image ou un livre a été vu, le plaisir cesse. Le plaisir meurt avec la familiarité. Ces personnes se souviennent des jours de leur enfance comme des jours d'émerveillement et de bonheur. Mais l'homme doté d'une véritable vision contemple toujours chaque rocher, chaque herbe et chaque fleur avec les grands yeux des enfants et avec un esprit d'émerveillement perpétuel. Pour lui, la graine est une fontaine jaillissante de délices nouveaux.

Chaque jeune devrait répéter l'expérience de John Ruskin. L'enthousiasme que cet auteur éprouvait pour le monde de Dieu était tel que lorsqu'il s'approchait d'une montagne lointaine ou qu'il voyait les rochers suspendus au-dessus des eaux ou les nuages passant dans le ciel, « un frisson de peur mêlé de crainte » le faisait frémir. avec joie, telle joie que l'élève artiste éprouve en présence de son noble maître, telle excitation d'esprit et de cœur que celle ressentie par Dante en s'approchant de sa Béatrice. Phillips Brooks est devenu plus heureux en vieillissant et, à cinquante-sept ans, il a déclaré : « La vie semble une fête dans laquelle Dieu garde le meilleur vin jusqu'au dernier. » Jusqu'à la fin, le grand prédicateur a grandi à pas de géant, parce qu'il n'a jamais perdu cet enthousiasme pour la vie qui fait la joie et la nouveauté parmi les meilleurs professeurs de la vie.

Par un étrange paradoxe, les hommes sont instruits par la monotonie aussi bien que par la nouveauté. Notre monde est où les mots « Béni soit la corvée » sont pleins de sens. La culture et le caractère ne naissent pas d'excitations dévorantes ni d'un tourbillon de plaisirs. Le grenier est rempli, non pas de forces tonitruantes qui attirent l'œil et l'oreille, mais d'agents secrets et invisibles ; les énergies silencieuses, les puissants monarques cachés dans les racines et les graines. Ce que les tempêtes émeutes ne peuvent pas faire, c'est la sève silencieuse et le soleil qui le font. Toutes les qualités fondamentales appelées patience, persévérance, courage, fidélité, sont le fruit de la corvée. Le caractère vient avec des lieux communs. La grandeur passe par les tâches devenues insipides et par les devoirs ennuyeux. Le tapis roulant est un professeur divin. Celui qui pellete du sable année après année n'a pas besoin de notre pitié, car le proverbe dit : « Chaque homme a son propre tas de sable ». Le plus grand esprit, accomplissant sa carrière, une fois la fraîcheur passée, poursuit une tâche éculée et trouve les devoirs ennuyeux. C'est mieux ainsi. Un voyant a suggéré que les voix de la terre sont étouffées afin que nous puissions entendre le murmure de Dieu ; les couleurs de la terre sont atténuées afin que nous puissions voir les choses invisibles.

La solitude est un sage professeur. En se séparant, la jeunesse grandit. Emerson parle de naviguer sur la mer avec Dieu seul. Les fondateurs de l'astronomie habitaient une plaine de sable, où l'horizon n'offrait pas une colline couverte de vignes ni une vue séduisante. Lassées de la mer jaune, leurs pensées voyageèrent le long de la route céleste et sillonnèrent la voie lactée, jusqu'à ce que l'homme devienne immortel. Moïse est devenu le plus grand des juristes, car pendant les quarante années où son esprit était créatif et à son meilleur, il a vécu dans la solitude des collines de sable autour du Sinaï et était libre de mener une vie intellectuelle et morale. L'histoire parle d'un millier d'hommes qui ont conservé leur vertu dans l'adversité pour ensuite sombrer dans la prospérité. Autrement dit, l'homme est stimulé par la crise ; le conflit provoque l'héroïsme, la persécution donne la force. Mais, privés de l'exigence d'une grande épreuve, des hommes qui semblaient grandioses tombent en morceaux. Triomphants dans l'adversité, les hommes sont vaincus par la corvée. Un auteur anglais a exprimé la conviction que beaucoup d'hommes « acquièrent une réputation lorsque tous les regards sont fixés sur eux, et tombent dans une inutilité mesquine au milieu de l'obscurité et de la monotonie. La victoire suprême de la vie appartient à ceux qui n'ont gagné aucune bataille brillante, n'ont subi aucun tort écrasant ; n'ont figuré dans aucun grand drame dont la sphère était obscure, mais qui ont aimé les grands principes au milieu des petits devoirs, nourri de sublimes espérances au milieu de soucis vulgaires et illustré les principes éternels dans des bagatelles.

La responsabilité est un enseignant de justice. Dieu éduque les hommes en les confiant à leurs propres ressources. L'homme apprend à nager en étant jeté dans le tourbillon de la vie et laissé à terre. Aucun jeune ne peut apprendre à naviguer sur son embarcation de sauvetage sur un lac séquestré et à l'abri de toutes tempêtes, où d'autres navires ne viennent jamais. L'habileté vient du fait de naviguer sur son embarcation au milieu des rochers, des bars et des flottes adverses, au milieu des tempêtes, des tourbillons et des contre-courants. La littérature anglaise contient un proverbe sur l'incapacité des fils d'hommes riches. L'homme riche lui-même est devenu puissant parce qu'il a commencé dans la pauvreté, qu'il n'avait aucune main pour l'aider à avancer et qu'il y avait beaucoup de mains pour le retenir. Après avoir longtemps lutté contre les forces adverses , il a concentré en lui la force et la prévoyance, la frugalité et la sagesse d'une vingtaine d'hommes ordinaires. L'école des coups durs a fait de lui un homme de force. Mais son fils, bercé dans un nid douillet, à l'abri de tous les vents violents, aimant la facilité plus que l'industrie, risque de naître sans connaître les secrets de son métier ou de son industrie.

La responsabilité seule pousse l'homme à travailler dur et fait ressortir ses meilleurs dons. C'est pour cette raison que les pensions accordées aux savants auraient nui à quelques hommes de génie. Johnson a écrit son immortel Rasselas pour récolter des fonds afin d'acheter le cercueil de sa mère. La faim et la douleur ont poussé Lee à inventer son métier à tisser. Laissée veuve avec une famille à subvenir aux besoins, à la quarantaine, Mme Trollope s'est lancée dans la paternité et a écrit une vingtaine de volumes. La tragédie la plus pitoyable de la littérature anglaise est celle de Coleridge. Wordsworth l'appelait l'homme le plus doué d'esprit depuis Shakespeare, et Lamb le considérait comme « un archange légèrement endommagé ». La générosité de ses amis a donné au poète un foyer et tout son confort sans la nécessité de travailler. Est-il possible que la facilité et le manque de responsabilité, avec l'opium, aient contribué à son naufrage ? Que voulait dire ce critique lorsqu'il disait d'un jeune ami riche : « Il n'a besoin que de la pauvreté pour faire de lui un grand peintre ? C'est la responsabilité qui enseigne la prudence, la prévoyance, la prudence, le courage et qui transforme les faibles en géants.

Les extrêmes et les contrastes de la vie façonnent grandement le caractère. Notre monde évolue de la lumière à l'obscurité, de la chaleur au froid, de l'été à l'hiver. Aujourd'hui au sommet, le héros est demain au creux. Moïse, hier enfant esclave abandonné, aujourd'hui adopté par une fille de roi ; David, mais hier berger avec sa harpe, et aujourd'hui demeurant dans le palais du roi ; les hommes qui possédaient hier l'abondance, qui passent aujourd'hui dans la pénurie, illustrent les extrêmes de la vie. Ces contrastes sont aussi saisissants que ceux que l'on retrouve sur les versants ensoleillés des Alpes. Là, les contreforts sont couverts de vignes, tandis que les sommets sont recouverts de neige éternelle. Dans le Wyoming, les sources chaudes jaillissent à proximité des congères. Durant les quelques années de l'homme, et brèves, il éprouve de nombreux revers. Il évolue entre la lumière et l'obscurité. Il est difficile pour le leader de retomber dans le rang. Il n'est pas facile pour celui qui a mené un mouvement jusqu'au succès de voir ses lauriers tomber feuille par feuille. Après un service long et dangereux, aux hommes devenus vieux et grisonnants succèdent des jeunes à qui la société n'a aucune dette. Ainsi l'homme passe de la force à l'invalidité, de la prospérité à l'adversité, de la joie au chagrin, ou va de la misère au bonheur, de la défaite à la victoire.

Pas une seule personne ne soit tôt ou tard mise à l'épreuve par ces altérations. Dieu envoie la prospérité pour élever le caractère à ses plus hauts niveaux. C'est une erreur de supposer que la virilité supérieure s'épanouit dans l'extrême pauvreté. Watkinson a magnifiquement dit que « l'humilité n'est jamais aussi belle que lorsqu'elle est vêtue d'écarlate ; la modération n'est jamais aussi impressionnante que lorsqu'elle s'assoit à des banquets ; la simplicité n'est jamais aussi délicieuse que lorsqu'elle habite au milieu de la magnificence ; la pureté n'est jamais aussi divine que lorsqu'elle est intacte. on porte des robes dans le palais d'un roi ; la douceur n'est jamais aussi touchante que lorsqu'elle existe chez les puissants. Quand les hommes combinent l'or et la bonté, la grandeur et la piété, le génie et les grâces, la nature humaine est à son meilleur. D'un autre côté, l'adversité est un supplément qui comble ce qui manque à la prospérité. L'abondance même des cadeaux de Noël fait souvent oublier aux enfants les parents qui les ont offerts. Certains sont ornés de prospérité comme les montagnes sont ornées de riches forêts. D'autres se distinguent par la nudité, mais aussi par la grandeur et la force durable des montagnes alpines. Le caractère est comme toute autre structure : rien ne le met à l'épreuve comme les extrêmes.

Lorsque l'amitié et l'amour ont enrichi l'homme et approfondi toutes les sources secrètes de son être, lorsque le chagrin l'a affiné et que la souffrance l'a adouci, alors Dieu envoie les idéaux pour stimuler les hommes vers de nouvelles réalisations. Un idéal est un modèle ou un plan présenté aux yeux de l'homme à des fins d'imitation, de réalisation et d'orientation. Dans le temple du silence le plus intime du cœur, où ni ami ni ennemi ne peuvent jamais venir, là l'âme dévoile son idéal secret. Le modèle qui y est érigé proclame à la fois ce qu'est l'homme et prophétise ce qu'il sera. Dans la vieillesse, les hommes pensent ce qu'ils sont, mais dans la jeunesse, ce que nous pensons, nous le devenons. Par conséquent, le modèle présenté à l'œil de l'esprit doit être le plus élevé et le plus pur. La légende parle de l'apprenti du maître qui, à partir de petits morceaux de verre jetés, construisit une fenêtre d'une beauté incomparable. L'idéal a résisté avant que l'esprit du garçon n'organise et rassemble ces morceaux brisés et les transforme en lignes d'une beauté parfaite.

Ainsi par ses aspirations intérieures, l'homme vit et construit. L'œil intérieur révèle au travailleur un meilleur outil, une meilleure loi ou une meilleure réforme, et la réalisation de ces visions donne lieu au progrès social. La vision de la conscience révèle de nouvelles possibilités de caractère, et celles-ci donnent du devoir. La vision du cœur révèle de nouvelles possibilités d'amitié, et celles-ci donnent au foyer. De même que le soleil qui se tient à l'horizon s'orne, d'abord dans chaque goutte de rosée, et élève ensuite la terre entière en avant, de même l'idéal se répète, d'abord dans le cœur individuel, et élève ensuite toute la société en avant. Ainsi, l'idéal suprême vient à l'homme qui construit lentement son caractère, lorsque Jésus-Christ se manifeste pleinement dans sa splendeur. Il n'est pas une abstraction vide de sens, ni une théorie exsangue, mais un os de nos os, frère de notre propre corps et de notre souffle, mais pourtant entaché d'aucune faiblesse, marqué par aucun péché, rejetant les tentations comme un Gibraltar rejette les vagues de la mer et les morceaux de bois flotté. Fort, il a soumis sa force au jour de la bataille et s'est comporté comme du fer. Pourtant, il était si doux que sa main blanche sentit la chute de la feuille de rose, tandis qu'il adaptait sa géantité aux besoins du petit enfant. Il ne pouvait pas non plus être retenu par les liens de la mort, car il a ouvert un chemin à travers la tombe et a fait briller la nuit de la mort comme le jour. "Je n'ai qu'une passion", a déclaré Tholuck . "C'est Lui ! c'est Lui !" De même que Shakespeare révèle pour la première fois au jeune poète les véritables richesses de son imagination, comme Raphaël dévoile pour la première fois au jeune artiste les possibilités de la couleur, de même l'homme ne connaît pas ses capacités infinies jusqu'à ce que Jésus-Christ se manifeste dans toute sa splendeur sereine. L'ayant, l'homme a non seulement son Instructeur et Sauveur , mais aussi son Maître et Modèle, répondant à tous les besoins de la virilité la plus élevée et du caractère le plus noble.

NOTES DE BAS DE PAGE :

Peintres modernes, vol. III, p. 368.

Aspirations et Idéaux

"Comme un visage très pur et noble,
Vu dans la rue bondée et pressée,
Répand sur le monde une grâce soudaine,
Une odeur douce de vol,
Puis le passage laisse le sens trompé
Refusé d'une excellence fantôme.

' Ainsi dans notre âme surgissent les visions
De cette belle vie que nous n'avons jamais menée ;
Ils brillent d'une splendeur devant nos yeux.
Nous sursautons, et ils s'enfuient ;
Ils passent et nous laissent le regard vide,
résignés à nos jours ignobles. " —
L'idéal fugitif, par Wm. Watson.

"Le contentement et l'aspiration sont dans la vie de tout véritable homme."

"Aucun oiseau ne peut courir dans le grand ciel bleu contre une âme noble. L'aile de l'aigle est lente comparée au vol de l'espoir et de l'amour." - *Swing.*

"Nous nous imaginons
la chose que nous aimons, puis nous la construisons -
Comme le hasard le veut, sur le rocher ou sur le sable;
Car le temps est fatigué d'errer à travers le monde,
Et l'imagination confinée à la maison fait courir sa barque à terre. ". -Taylor
.

III

ASPIRATIONS ET IDÉAUX.

L'homme est un pèlerin en route vers la nouvelle et belle cité de l'Idéal. L'aspiration, et non le contentement, est la loi de sa vie. Le triomphe d'aujourd'hui dicte de nouvelles luttes demain. Les jeunes rougis de succès peuvent se coucher sous la tente de la satisfaction pour une nuit seulement ; le matin venu , il doit plier sa tente et se diriger vers une nouvelle réalisation. Cet homme est prêt à revêtir ses robes funéraires et se laisse satisfaire par ses lauriers actuels. Dieu a rempli le monde d'antidotes au contentement et de stimulants pour le progrès. Le monde n'est pas fait pour les paresseux. La terre est comme une route, un endroit pauvre pour dormir, une bonne chose à parcourir. Le monde est comme une forge, impropre à la résidence, mais bon pour mettre en colère l'épée d'un guerrier. La vie est construite pour réveiller les hommes ennuyeux, rendre les hommes paresseux malheureux et les gens qui volent à basse altitude malheureux. Lorsque d'autres incitations échouent, la peur et le remords suivent et poussent les hommes en avant ; mais les idéaux affichés sont les principaux stimulants de la croissance. Chaque matin, au réveil, l'âme voit l'homme idéal qu'elle devrait se lever en splendeur pour faire honte à l'homme qu'elle est. Colomb fut tenté par les branches flottantes, les herbes flottantes, les oiseaux étranges, vers le nouveau monde riche en trésors tropicaux. Ainsi, par ses aspirations et ses idéaux, Dieu attire les hommes vers le pays inconnu de l'âme. Autrefois, l'étoile qui passait devant guidait les sages de l'Orient jusqu'à la crèche où gisait le jeune enfant ; et encore, dans la nuit de l'homme, Dieu suspend ses aspirations – des étoiles pour guider les hommes loin du bourbier du contentement vers les collines du paradis. L'âme a soif de quelque chose de vaste et les idéaux attirent vers le long voyage, le port lointain et sont les étoiles par lesquelles le pèlerin façonne son parcours.

Les grands professeurs de la vie sont l'amitié, le travail, les voyages, les livres, le mariage et surtout la faim de cœur. Ces aspirations intérieures sont les sources de tout progrès humain extérieur. Les philosophes disent parfois que l'histoire de la civilisation est l'histoire des grands hommes. Avouant cela, continuons et notons que l'histoire de tous les grands hommes est l'histoire de leurs heures idéales, réalisées dans leur conduite et leur caractère. Se réveillant à minuit dans sa mansarde sombre, la vision splendide s'éleva devant John Milton. Le garçon de douze ans aimerait écrire un poème que le monde ne laisserait pas volontiers mourir. Il savait que quiconque écrivait un poème héroïque devait d'abord vivre une vie héroïque. À partir de ce moment-là, le jeune homme suivit l'idéal qui le conduisait, poursuivant sans cesse la connaissance pendant sept ans, ne fermant jamais de livre avant minuit, quittant Cambridge avec l'approbation des bons et sans tache ni tache sur sa vie. Ensuite, faisant un pèlerinage en Italie pour étudier dans ce pays de chants et d'histoires, il entendit parler des guerres civiles en Angleterre et revint aussitôt, mettant de côté son ambition culturelle parce qu'il pensait qu'il était bas de voyager facilement et en sécurité à l'étranger. tandis que ses concitoyens luttaient pour la liberté chez eux. Lorsqu'il résista à l'attaque brutale d'un soldat qui leva son épée pour dire : « J'ai le pouvoir de te tuer », l'érudit répondit : « Et j'ai le pouvoir d'être tué et de mépriser mon meurtrier. » Devenant vieux et aveugle, et tombant dans des jours et des langues mauvaises, à partir de sa vie héroïque, il écrivit son poème immortel. Mourant, il poursuivait toujours son idéal, car s'avançant dans la vallée et l'ombre, le poète aveugle murmura : « Guide toujours la vision céleste !

Les hommes le savaient-ils, c'est le secret de toute grandeur héroïque. Voici ce vieux Grec sans égal, Socrate, assis dans la prison, discutant avec ses amis de la mort et de l'immortalité, de la vérité et de la beauté qu'il espère trouver au-delà. D'une main il se frotte la jambe, irritée par les dures chaînes, de l'autre il tient la coupe de poison. Quand le soleil toucha l'horizon, il prit la coupe de la mort des mains du geôlier et, le visage brillant, descendit dans la vallée, et au milieu des ombres épaisses disparut pour toujours de la vue des mortels, poursuivant toujours sa vision splendide. Et voici cette martyre d'un blanc pur, peinte par Millais, posée dans la mer au milieu de la marée montante, mais regardant vers le ciel, avec une grande et douce lumière sur le visage. Voici Luther entouré de soldats renfrognés et de prêtres loups affamés, regardant vers le haut puis lançant son défi : « Je ne peux pas et je ne veux pas me rétracter, que Dieu m'aide. » Voici John Brown, le corps tout transpercé de balles et grièvement endolori, se baissant pour embrasser l'enfant alors qu'il se dirigeait vers la potence, le cœur aussi haut que le jour de son mariage. Et voici cette infirmière chrétienne qui suivait la ligne de bataille jusqu'aux stands de tirs, allumait son feu et préparait des boissons chaudes aux mourants ; qui, interrogé par le colonel qui lui avait dit d'allumer ces feux, répondit : « Dieu tout-puissant, monsieur ! et a continué à réaliser sa vision. Et voici Livingstone, avec sa grande tête rugueuse et ses yeux enfoncés, retrouvé au cœur de l'Afrique, mort à côté de son canapé, avec de l'encre à peine sèche sur les mots qui interprétaient sa vision : « Que Dieu bénisse tous les hommes qui, d'une manière ou d'une autre, aident à guéris cette plaie ouverte du monde ! » Principalement, il y a le Christ, qui, depuis l'heure où l'étoile restait près de sa crèche à Bethléem et où la lumière jamais vue sur terre ni sur mer brillait sur la montagne lumineuse et transfigurée, jusqu'au jour de sa croix élevée, toujours suivit la vision divine qui l'amena enfin à Olivet, au ciel ouvert, à la nuée ascendante, aux cieux accueillants.

Mais Dieu, qui a donné des visions aux grands hommes, place chaque vie humaine de moindre importance entre son rêve et sa tâche. Les profondes faims de cœur se réveillent au sein du peuple, puis un patriote, un réformateur ou un héros se lève pour nourrir ces aspirations. Ensuite, l'histoire emmagasine ces nobles réalisations d'hier comme nourriture pour l'âme d'aujourd'hui . Le cœur, comme le corps, a besoin de nourriture et la trouve dans les actions les plus élevées et les meilleures qualités de ceux qui l'ont précédé. Ainsi l'élève artiste est nourri par son grand maître. Le jeune soldat imite son courageux général. Le patriote s'inspire de son chef héroïque. L'histoire enregistre les actes des hommes nobles, non pas pour décorer ses pages, mais pour fortifier les générations qui suivront. La civilisation d'une nation se mesure au nombre de héros qu'elle a eu, dont les qualités ont été exploitées pour les enfants et les jeunes.

Bien souvent , un héros a transformé un peuple. Le barde aveugle chantant dans les villages de Grèce rencontra un peuple grossier et simple. Mais Homère ouvrit une galerie dans les nuages et y dévoila Achille comme le Grec idéal. L'ambition de chaque garçon athénien était devenue de fixer l'Iliade dans son esprit et de répéter Achille dans son cœur et dans sa vie. Bientôt, l'Achille dans le ciel contempla 20 000 jeunes Achille marchant dans les rues en contrebas. Avec quelle admiration les hommes se souviennent-ils des réalisations intellectuelles d'Athènes ! Quels temples et quelles statues en eux ! Quels orateurs et quelle éloquence ! Quels drames ! Quels poèmes lyriques ! Quels philosophes ! Pourtant, un homme idéal qui n'a jamais vécu, sauf dans la vision d'un poète, a transformé des tribus grossières en géants intellectuels. Chaque nation a donc soif de héros. Quand il n'y en a pas, Dieu envoie des poètes pour les inventer comme nourriture pour l'âme de la jeunesse de la nation. Le meilleur cadeau à un peuple, ce ne sont pas des vignes, ni des greniers débordants, ni des ports bondés, ni de riches flottes, mais un homme bon et grand, dont l'exemple et l'influence répètent la grandeur chez tout le peuple. De même que la planète suspendue au-dessus de notre terre soulève la mer en raz-de-marée, ainsi Dieu suspend des hommes illustres dans le ciel pour avoir fait pleuvoir leurs riches trésors sur la société.

De plus, c'est le nombre et la nature de ses aspirations qui déterminent la place d'un homme dans l'échelle de la virilité. La plus basse de toutes est cette grande sous-classe d'hommes sans pouls, se contentant de ramper et sans penser à des ailes pour s'élever. Ce ne sont que de simples vagabonds, créatures de circonstance, restant indifféremment là où la naissance ou les événements les ont déclenchés. Ayant de la nourriture et des vêtements, ils en sont contents. Aucune inspiration ne les enflamme, aucun idéal ne les réprimande, aucune vision d'excellence ou d'avancement possible ne frappe leur contentement vulgaire. Comme des feuilles mortes emportées par le courant, ces hommes dérivent à travers la vie. Pas vraiment mauvais, ils sont indifféremment bons, et constituent donc la matière dont sont faits les hommes vicieux. Dans les régions impaludées, disent les médecins, les hommes en pleine santé sont en sécurité parce que la vitalité abondante qui les habite repousse le poison de l'air extérieur, tandis que les hommes qui vivent à la frontière entre la bonne santé et la maladie fournissent les conditions nécessaires à des fièvres qui consument la santé. vie. De même, les hommes qui mènent une vie indifférente et couchée, sans impulsion vers le haut, sont exposés au mal et deviennent une menace constante pour la société.

Plus haut dans l'échelle de la virilité se trouvent les hommes aux aspirations intermittentes. Un voyageur peut avancer guidé par la lumière du soleil perpétuel, ou il peut voyager de nuit au milieu d'un orage, lorsque la seule lumière est un éclair occasionnel, révélant le chemin ici et le gouffre là. Mais une fois l'éclair passé, l'obscurité est plus épaisse qu'auparavant. Et aux hommes viennent des heures lumineuses, réprimandant la vie commune. Alors l'âme se révolte contre toute pensée ou chose mauvaise et aspire à tout ce qui est semblable à Dieu dans le caractère, à l'honneur et à la pureté, à la valeur et au courage, à la fidélité aux convictions les plus fines profondément cachées dans les recoins secrets de l'âme. Quels sont ces héros – à l'heure des visions ! Avec quelle force ces soldats supportent-ils les coups, alors que la bataille est encore à venir ! Mais une fois le conflit survenu, leur courage s'en va ! Un matin d'hiver, le givre sur les vitres façonne des arbres, des maisons, des trônes, des châteaux, des villes, mais ce ne sont que du givre. Ainsi, devant l'esprit, l'imagination accroche des images de la gloire, de la grandeur et de la ressemblance divine de la vie supérieure, mais un seul souffle de tentation prouve leur évanescence. Mieux vaut cependant ces idéaux intermittents que la mollesse et le contentement ininterrompus. Mais, le meilleur de tout, ce troisième type d'hommes qui réalisent dans la vie quotidienne leurs heures lumineuses et transmuent leurs idéaux en conduite et en caractère. Ce sont les architectes de l'âme qui construisent leurs pensées et leurs actes dans un plan ; qui avancent, non pas sans but, mais vers une destination ; qui naviguent, non nulle part , mais vers un port ; qui gouvernent, non par les nuages, mais par les étoiles fixes. Hauts dans l'échelle de la virilité, ceux qui aspirent sans cesse au grand Exemple de la vie.

Considérez l'utilisation des aspirations de l'âme. Les idéaux sauvent la vie de la corvée. Les quatre cinquièmes de la race humaine sont tellement en surpoids et déficients cérébraux que leur esprit est épuisé à trouver de quoi subvenir à leurs besoins et à se vêtir. Non, demain, mais cela pourrait amener les hommes dans un grand besoin. La pauvreté réduit la vie à une existence sur tapis roulant. Des multitudes travaillent nécessairement dans la mine solide et profonde. Des multitudes doivent s'habituer aux odeurs offensives pour les narines. Les hommes travaillent du matin au soir au milieu du vacarme des machines dont l'oreille se révolte. Des myriades creusent et fouillent, et méprisent leur labeur. Celui qui passe toutes ses années à glisser des épingles dans un papier voit sa croissance virile menacée. D'autres sont bloqués à mi-chemin de leur vie. Récemment, l'exposition test d'une machine a été un succès et les personnes présentes ont félicité chaleureusement l'inventeur. Mais il y avait un homme dont le visage était tiré par la douleur et dont les yeux étaient mouillés de larmes. Expliquant son émotion à un interlocuteur, il a déclaré : « Il y a une heure, je suis entré dans cette pièce en tant qu'ouvrier qualifié ; cette machine m'envoie par là en tant que simple ouvrier. Depuis des années, je gagne cinq dollars par jour en tant que machiniste expert. J'espérais éduquer mes enfants dans une sphère supérieure, mais maintenant tous mes espoirs sont ruinés. » La vie est remplie de ces déceptions. Un voyage parmi les hommes est comme un voyage à travers un champ de moisson après qu'une tempête de grêle ait arraché tous les bourgeons et les feuilles et écrasé les jeunes maïs dans le sol. Pour mener à bien une telle vie, les hommes doivent être sauvés par leurs espoirs et leurs aspirations. Ensuite, Dieu envoie des visions pour donner aux hommes de l'espace et les élever dans le royaume du repos. Un certain espoir surgit pour briser l'emprise de la vie. L'âme s'élève comme un oiseau chanteur dans le ciel.

Les hommes déçus trouvent que la nourriture elle-même n'est pas aussi douce que les rêves. La couturière qui travaille dans les points du grenier espère chaque fil et rêve qu'un chevalier vienne la tirer de la pauvreté, et sa rêverie se moque et consume son malheur. L'ouvrier qui creuse son fossé adoucit son labeur et apaise sa lassitude par le rêve de l'humble travail domestique et de l'amour qu'un jour il construira. Beaucoup dans la vie intermédiaire, lorsqu'il est trop tard, se retrouvent dans le mauvais métier, mais maintiennent leur utilité et leur bonheur en s'entourant des pensées de la carrière qu'ils aiment et qu'ils pourraient encore réaliser au-delà. Comment l'imagination s'aventure-t-elle partout ! Par elle, quels navires sont construits, quelles terres sont explorées, quelles armées sont dirigées, quels trônes sont érigés dans la pensée ! Lorsque la graine germa dans la cellule de prison, l'érudit enfermé là agrandit la petite plante jusqu'à ce qu'elle devienne dans son esprit une vaste forêt, où toutes les fleurs s'épanouissaient et poussaient des arbustes épicés et où les oiseaux chantaient, et où les ruisseaux gargouillaient une musique telle qu'elle ne tombait jamais sur elle. oreille mortelle. D'innombrables hommes endurent en voyant des choses invisibles. Ils se retirent des vexations et des déceptions du dehors pour se tourner vers leur vie de vision cachée. Leurs pensées intérieures contrastent étrangement avec les faits extérieurs et la vie. Au Moyen Âge, lorsque les persécutions éclatèrent contre les Juifs, ces marchands furent opprimés et pillés, et ne se sauvèrent de la destruction qu'en menant une vie sordide à l'extérieur et une vie princière dans des quartiers cachés. On a dit : « Vous pourriez suivre un vieux marchand, tacheté et souillé par toute la misère de la mendicité, à travers des chemins infects pour les pieds et offensants pour tous les sens, et par quelque ruelle étroite entrer dans ce qui ressemble à l'entrée d'un écurie mal entretenue. De là s'ouvre une salle sordide aux odeurs nauséabondes. Mais en montant les marches, vous arrivez à un passage secret, quand, ouvrant la porte, vous êtes aveuglé par l'éclat qui éclate sur vous. Vous êtes dans le palais d'un prince. Les murs sont couverts d'ornements. De rares tapisseries sont accrochées aux murs. Les plats qui couvrent la table sont d'argent et d'or, et la maison, qui s'empresse de recevoir le parent et de lui enlever son déguisement extérieur, est elle-même parée comme les rois. enfants." Ainsi, les idéaux font une grande différence entre l'homme extérieur et la vie cachée intérieure. En voyant des choses invisibles, le cœur chante tandis que la main travaille. La vision ci-dessus élève la vie de la fatigue vers le royaume de la joie et du repos.

C'est aussi le rôle de ces idéaux divins de réprimander la vie physique inférieure et de frapper tout objectif sordide et égoïste. L'heure de vision est l'ennemi naturel de l'humeur vulgaire. Les hommes commencent leur vie avec le but noble de vivre noblement, généreusement et ouvertement. Plein des aspirations les plus nobles, avide des choses les plus élevées, la jeunesse entre triomphalement sur le chemin de la vie. Mais en progressant, il rencontre des conflits et des conflits, de l'envie et de la jalousie, de la déception et de la défaite. Il a du mal à être à la hauteur de ses meilleures humeurs. L'intérêt personnel biaise son jugement. La cupidité soudoie la raison. L'orgueil l'égare. L'égoïsme le tente de violer son moi le plus raffiné. La lutte pour maintenir ses idéaux est comme une lutte pour la vie elle-même. Beaucoup, hélas ! après un conflit court et aigu, abandonnez la guerre et rompez la foi et la fidélité avec des convictions plus profondes. Ils éteignent la lumière qui brillait au loin pour les attirer et les encourager. Se persuadant que la vie idéale est impraticable, ils établissent une moyenne entre leurs humeurs les plus élevées et leurs heures de vol à basse altitude. Alors l'éclat de la vie s'estompe et l'âme est comme une noble demeure le matin après un banquet ou une réception. Le soir, au moment de préparer le brillant festin, toute la maison est illuminée. Chaque curiosité est dans sa niche. La harpe est à sa place. L'air est chargé du parfum des roses. Mais quand le matin arrive, quel changement est immense ! Les fenêtres sont obscurcies et les couloirs déserts ; les cierges de cire ont brûlé jusqu'à la douille ou s'éteignent en fumée ; les fleurs, brûlées par l'air chaud, se sont ratatinées et sont tombées, et dans la salle du banquet il ne reste que les « viandes brisées ». Fini toute la gloire de la fête ! Ainsi, lorsque les hommes abandonnent leurs idéaux héroïques et enterrent leurs visions, l'éclat de la vie s'en va et sa beauté périt. C'est alors que Dieu envoie la vision céleste pour réprimander la vie plus pauvre et sensuelle et l'humeur matérielle de l'homme. Au-dessus de la vie qui existe, Dieu suspend la gloire, la grandeur et la pureté de la vie qui pourrait être, et l'âme qui lève les yeux méprise les choses inférieures, et a faim et soif de vérité et de pureté. Alors l'homme revient à lui-même et retourne aux côtés de son Père .

De plus, ces heures de vision viennent aux hommes pour leur donner des indices et des lueurs de ce qu'ils seront lorsque le temps et les ressources de Dieu auront accompli leur objectif de force et de beauté sur l'âme. L'homme naît loin de lui-même et a besoin de voir la fin vers laquelle il se dirige. Il a un corps et mène une vie inférieure, mais l'homme est ce qu'il est dans ses meilleures heures et dans ses humeurs les plus exaltées. La mesure de la force de tout être vivant est sa faculté la plus élevée. La force du cerf est la rapidité, celle du lion ; mais à la puissance du pied, l'aigle ajoute des ailes, et c'est pourquoi il est loué pour son vol rapide. À l'aile, l'abeille ajoute le génie de construire avec une habileté géométrique, et son éloge réside dans sa rare intelligence. Ainsi, l'homme doit également être mesuré par sa faculté la plus élevée, en ce sens qu'il a le pouvoir de voir les choses invisibles et d'agir dans les domaines invisibles. On nous dit que Cicéron possédait trois villas d'été et une résidence d'hiver, mais il n'était pas fier de sa richesse, mais de son oratoire et de son éloquence. Le grand vieil homme d'État d'Angleterre a l'habileté de lever la hache sur les grands arbres, mais il se glorifie de son habileté en matière de politique. Par ailleurs, l'homme récolte des trésors dans les champs, trouve des richesses dans les forêts et des richesses dans les montagnes ; pourtant sa véritable virilité réside dans la raison et le sentiment moral, et dans l'esprit qui dit : « Notre Père ». Pour lui, vivre pour le corps, c'est comme si celui qui héritait d'un magnifique palais fermait les galeries, les bibliothèques et les salles splendides, et n'ouvrait que la salle à manger, pour y vivre et se nourrir.

Heureux l'homme qui est un bon mécanicien ou commerçant ; mais hélas! s'il n'est que cela. Heureux celui qui prospère grâce au grenier et au magasin ; mais hélas! s'il est rétréci et ratatiné vers le domaine spirituel. À tous ceux qui sont riches en trésors physiques, mais en faillite vers le royaume invisible, une influence divine suscite le mécontentement. Alors on voit que les joies inférieures sont sans couronne et les plaisirs sordides sans sceptre. L'âme devient agitée et déçue là où elle était autrefois contente. En regardant au loin, il voit dans ses heures de vision le bel état auquel Dieu l'amènera un jour . Nous rappelons ici le rêve du paysan. Pendant son sommeil, son humble chaumière a soulevé son toit de chaume et est devenue une noble demeure. La pièce unique et petite est devenue nombreuse et vaste. Les petites fenêtres devinrent cintrées et belles, donnant sur de vastes domaines. La cheminée devint un autel sur lequel étaient suspendus des séraphins. La cheminée devint une échelle d'or semblable à celle que voyait Jacob, et ses enfants, vivants et morts, passaient comme des anges faisant monter et descendre un trésor. Et ainsi, pendant que le cœur humain réfléchit et rêve, Dieu construit son sanctuaire dans l'âme. La vision que voit le cœur est en réalité le modèle selon lequel Dieu travaille. Celles-ci accomplissent la transformation opérée dans le rêve du paysan.

Cherchant à accomplir leur noble ministère, les idéaux ont de graves ennemis. Parmi ceux-ci, citons la vanité et l'orgueil. Quand le sage dit : « Vois-tu un homme sage dans sa propre vanité, il y a plus d'espoir pour un insensé que pour lui », il indiqua qu'il avait connu des insensés guéris de leur folie, mais jamais un vaniteux guéri de sa vanité. . Pline a dit : « Il est aussi difficile d'instruire l'orgueil que de remplir une bouteille vide avec un bouchon dedans. » Certains hommes sont constitutionnellement vaniteux. Ils pensent que toute la création converge vers un seul centre, et ils sont ce centre. L'éruption de vanité se manifeste généralement très tôt dans la vie. Pour la plupart, c'est comme le cabriolet et la gaieté d'un poulain non dressé ; le remède est la charrue et le harnais. L'échec est également un agent curatif, tout comme le succès. Mais ce sont surtout les idéaux qui réprimandent la vanité. L'imagination est Dieu dans l'âme, et élevant l'accomplissement possible, la gloire de ce que les hommes peuvent devenir, fait honte et rend méprisable ce que sont les hommes.

L'indolence et le contentement contrarient également les idéaux. Les hommes rassemblent quelques générosités et intégrités. Avares d'âme, les hommes se réjouissent de celles-ci, comme des avares d'argent de leur brillant trésor, satisfaits du peu de vertu qu'ils ont. Mais aucun homme n'a le droit de mener une carrière stagnante ; la vie ne doit pas être une flaque d'eau, mais un ruisseau doux et coulant. Aucun homme n'a le droit de rouiller ; il est tenu de garder ses outils brillants par l'usage. Aucun homme n'a le droit d'être paralysé ; il est voué à s'agrandir et à grandir. Ainsi, les idéaux viennent contraindre les hommes à aller de l'avant. Il est plus facile de s'allonger dans une haie d'épineux ou de dormir dans un champ d'orties, que pour un homme de demeurer satisfait tel qu'il est tandis que ses idéaux le fouettent vers le haut.

Ce sont surtout les éléments malins qui s'opposent à la vie idéale. Il y a une inimitié entre la vulgarité et les visions. Si la colère vient, la joie s'en va ; lorsque l'avidité prend le dessus, la générosité est expulsée. Si, au cours d'un chœur de voix d'oiseaux dans la forêt, seule l'ombre d'un faucon qui s'approche tombe sur le sol, toute douce voix est étouffée. Ainsi, si une seule note maléfique, semblable à celle d'un faucon, se fait entendre dans le cœur, toutes les joies et aspirations les plus nobles disparaissent. La vie supérieure est en inimitié avec la vie inférieure, et cette guerre est une guerre d'extermination.

Oh, vous tous, jeunes cœurs ! garde bien un rocher fatal à toute excellence. Si jamais vous avez brisé la foi en vos idéaux, élevez-les et renouvelez la foi. Chérissez les idéaux comme le voyageur chérit l'étoile du nord, et gardez la lumière directrice pure et brillante et bien au-dessus de l'horizon. Le navire peut perdre ses voiles et ses mâts, mais s'il maintient seulement son cap et son compas, le port peut être atteint. Une fois qu'il perd l'étoile pour le passage, le voyage doit se terminer par un naufrage. Car lorsque le dessein héroïque disparaît, toute la gloire de la vie s'en va. Que personne ne considère l'enterrement du fils d'une veuve comme le spectacle le plus triste au monde. Que les hommes ne pleurent pas la mise sous le gazon du premier-né, comme si c'était là le plus grand chagrin de l'homme. La Terre ne connaît aucune tragédie comparable à la mort des idéaux de l'âme. Alors combattez pour eux comme pour la vie elle-même ! Le cynique peut les ridiculiser, parce que, ayant perdu sa propre pureté et sa vérité, il pense naturellement qu'aucune n'est pure ou vraie ; mais les hommes sages prendront conseil sur leurs aspirations et leurs idéaux. Même les choses les plus basses ont un pouvoir d'incitation. Aucun arbre mort dans la forêt n'est si disgracieux qu'un généreux lignier n'enveloppe sa nudité d'une robe de beauté. Aucune cave n'est aussi sombre, mais s'il y a une fissure par laquelle la lumière du soleil tombe, la plante lèvera ses faibles vrilles pour être bénie par le rayon chauffant. Pourtant l'âme vient de Dieu, est plus élevée que la vigne ou l'arbre, et doit aspirer vers Celui qui attise ces mystérieuses aspirations dans le cœur.

L'âme est comme un enfant perdu. Il erre en étranger dans un pays étranger. Souvent , cela lui donne mal au cœur, car même les meilleures choses ne le contentent que pour un petit moment. Des idéaux quotidiens et mystérieux palpitent et palpitent à l'intérieur. Il lutte contre une agitation vagabonde. Il aspire à ce qu'il ne trouve pas. Une faim profonde et mystérieuse surgit. Cela voudrait revenir à lui-même. Dans ses heures idéales, il voit au loin la vision qui le tente, vers la maison et le ciel. Le secret de l'homme est le secret de ses heures de vision. Ceux-ci lui disent d'où il vient et où il va. Alors Christ est devenu le guide de l'âme ; Le cœur de Dieu, la maison de l'âme.

LA BASE PHYSIQUE DU CARACTÈRE

« La santé est le principe vital du bonheur. » — *Thompson.*

"La bonne humeur est souvent une simple question de santé. Avec une bonne digestion, les hommes ont tendance à être de bonne humeur ; avec une mauvaise digestion, ils sont moroses." - *Beecher.*

"Un homme si entraîné dans sa jeunesse que son corps est le serviteur de sa volonté et accomplit avec la même aisance et le même plaisir tout le travail dont il est capable en tant que mécanisme , - dont l'intellect est un moteur logique clair et froid, avec toutes ses parties d'égale force et en bon état de fonctionnement, prêtes comme une machine à vapeur à être tournée vers n'importe quel type de travail, et à faire tourner les voiles ainsi qu'à forger les ancres de l'esprit. "- *Huxley.*

"Enfin, j'ai un conseil qui est d'une très grande importance. Vous devez considérer que la santé est une chose dont il faut s'occuper continuellement, comme la plus haute de toutes les choses temporelles. Il n'y a aucune sorte d'accomplissement égal à une santé parfaite. Qu'est-ce que c'est que des pépites ou des millions ? » — *Discours de Carlyle aux étudiants d'Édimbourg.*

« Bien que j'aie l'air vieux, je suis pourtant fort et vigoureux : Car
dans ma jeunesse je n'ai jamais appliqué
de
liqueurs chaudes et rebelles dans mon sang
;
l'hiver,
Frosty mais gentiment. — " *Comme vous l'aimez* ", ii : 3.

IV

LA BASE PHYSIQUE DU CARACTÈRE

La société antique considérait le corps humain avec la plus grande vénération. Le citoyen de Thèbes ou de Memphis ne connaissait pas de plus haute ambition que celle d'embaumer son corps. Les hommes aimaient jusqu'à la mort et, au-delà, la maison physique dans laquelle habitait l'âme. Tout instinct de raffinement et de respect de soi était révolté par l'idée de se débarrasser du corps comme d'un vêtement usé ou d'un outil usé. À l'heure de sa mort, il n'était pas important pour Ramsès que sa carrière soit représentée sur un obélisque et préservée dans une pyramide, mais il était très important pour le roi que l'embaumeur donne une permanence au corps avec lequel son âme était partie en chantant, en pleurant et en pleurant. aimer pendant soixante-dix ans. Les papyrus trouvés dans les tombes nous disent que les soldats de cette époque lointaine ne craignaient pas plus la mort elle-même qu'ils ne craignaient de tomber dans un endroit isolé où le corps, négligé et oublié, rendrait bientôt ses éléments à l'air et à la terre. Comme il est noble le sentiment qui attachait la dignité et l'honneur aux mains et aux pieds ! Sacré, doublement sacré, était le corps qui avait longtemps et fidèlement servi l'âme !

L'âme est une ville, et de même que Thèbes avait de nombreuses portes par lesquelles passaient de grandes caravanes chargées de trésors précieux, de même les cinq sens sont des portes par lesquelles transitent toutes les images et tous les sons de la terre. Par la porte d'or de l'oreille sont passées quelles nobles vérités, réunissant quels messagers d'affection, quelles douces amitiés. L'œil est une voie Appienne par laquelle passent toutes les processions des saisons. Comment la main et la vision protègent-elles l'homme ? Les chasseurs utilisent des lances acérées pour repousser les bêtes sauvages, mais Livingstone, armé uniquement de rayons oculaires, chassa une bête hargneuse dans le fourré, et Luther, levant ses grands yeux sur un assassin, fit fuir le meurtrier. Quelle flûte ou quelle harpe est comparable en douceur à la voix ? Il porte un avertissement et une alarme. Il parlera pour vous, plaidera pour vous, priera pour vous. Il s'agit véritablement d'un architecte, fidèle au dicton de Dante : « accumuler des montagnes de mélodies ». En servant bien l'âme, le corps devient sacré par le service. C'est pourquoi l'homme aime et garde la maison physique dans laquelle il vit.

Les objets et les lieux associés aux joies et aux peines profondes de la vie deviennent toujours eux-mêmes sacrés grâce à ces associations. Le troupeau qui traverse la forêt laisse derrière lui quelques fils blancs. L'oiseau tapisse son nid de duvet provenant de son propre sein. Ainsi le cœur, en avançant, laisse derrière lui quelque trésor et parfume son chemin. Le souvenir accroche à l'arbre la confession murmurée sous ses branches. Aucun palais aussi mémorable que la petite maison où vous avez été élevé, aucun chêne à charte aussi historique que les arbres sous lesquels vous jouiez, aucun Nil aussi remarquable que le petit ruisseau qui chantait autrefois pour vos soupirs, aucun volume ou manuscrit aussi précieux que le la lettre et le testament que votre père mourant a serrés dans votre main. Comprenant ce principe, les nations gardent le manuscrit du sage, l'épée du général, le drapeau taché du sang des héros. Mémorable à jamais la petite pièce où Milton écrivait, la chaumière où vivait Shakespeare, l'endroit où Dante rêvait, la ruine où travaillait Phidias. Mais aucun bâtiment n'a jamais montré une œuvre aussi belle que le temple construit par l'habileté divine. Dieu a rendu la maison de l'âme agréable à regarder. La mort peut fermer ses portes, obscurcir ses fenêtres et abattre ses piliers ; Pourtant, ses ruines mêmes sont précieuses et doivent être gardées avec un soin jaloux. Comme il est sacré l'endroit où reposent les parents qui nous ont soignés, le sein qui a protégé notre enfance, les mains qui ont porté notre faiblesse partout. Les hommes considéreront toujours comme blasphématoire la profanation du corps ou de la tombe. La maison physique, debout, est le temple de Dieu ; en tombant, il doit rester à jamais sacré dans la mémoire de l'homme.

La science nous apprend à considérer le corps comme une machine à penser. En tant que mécanisme mental, il présente l'être divin comme un inventeur, qui a produit une machine aussi supérieure au moteur de Watt que ce moteur est supérieur à une motte ou à une pierre. Dans ce mécanisme divin, toutes les machines complexes et durables sont combinées en une seule. Imaginez un instrument si délicat qu'il est à la fois un télescope et un microscope, observant à un moment donné le vol d'un soleil à des centaines de millions de kilomètres, puis rapidement ajusté pour voir la pointe de la plus fine aiguille ! Imaginez une machine qui, à la fois, puisse ressentir la gratitude du feu ardent, goûter la douceur d'une orange, expérimenter les délices esthétiques d'un tableau, se remémorer les événements de la carrière des hommes que l'artiste a délimités, reconnaître les entrée d'un groupe d'amis, du brouhaha des langues fait sortir une voix qu'on n'a pas entendue depuis des années, vibrer d'allégresse devant cette rencontre inattendue ! La simple mention d'un tel instrument, combinant audiophone, téléphone, phonographe, orgue, métier à tisser et bien d'autres mécanismes encore à inventer, ressemble à un conte des « mille et une nuits ». Pourtant, le corps et le cerveau constituent un merveilleux métier mental, tissant des textures de pensée appelées conversations, poèmes, discours, faisant des créations sur un métier à tisser Jacquard un simple jeu d'enfant. Le corps est comme un vaste dépôt mental dont les lignes s'étendent vers le monde entier. Tout ce qui se trouve à l'extérieur a un bureau à l'intérieur où il traite son secteur d'activité spécial. Il y a un bureau visuel où les rayons du soleil font leurs comptes ; un pupitre auditif où les mélodies mènent leurs négociations ; un bureau de mémoire où sont enregistrés les actions et les motivations ; un bureau logique où les motifs et les arguments sont reçus et classés. En vérité, Dieu a tissé les os et les tendons qui enferment l'âme dans un mécanisme « terriblement et merveilleusement fabriqué ».

Aujourd'hui, la science nous écrit l'histoire de l'ascension du corps. Les érudits perçoivent que la matière a rempli sa mission maintenant que la poussière se dresse, palpite dans un cerveau pensant et bat dans un cœur brillant. Notre monde est un monde dans lequel Dieu a ordonné que les glands se dirigent vers les chênes, les cabanes deviennent des maisons, les tentes des temples, les bébés hommes, et les générations avancent vers cet événement sublime « vers lequel se dirige toute la création ». Dans cette longue marche ascendante, la science déclare que le corps humain a eu sa place. Le professeur Drummond, célèbre pour sa foi chrétienne, nous dit dans son récent volume que le corps de l'homme met en avant et combine en lui toutes les excellences de toute la création animale inférieure. Comme la locomotive d'aujourd'hui contient le moteur de Watt et les améliorations de tous les inventeurs successifs ; comme la presse à imprimer Hoe contient la grossière machine à main de Guttenberg et les meilleurs caractéristiques de toutes les machines qui l'ont suivie ; ainsi le corps humain contient le don spécial de toutes les formes de vie animale antérieures et inférieures. En fabriquant une faucheuse, le machiniste ne commence pas par la faucille, puis unit le crochet à la faux, pour y joindre ensuite la faucheuse grossière et passe ainsi à tous les types d'amélioration. Mais chez l'homme germinal, la nature adopte justement cette méthode. Au fur et à mesure que la vie embryonnaire se développe, elle passe dans et à travers la ressemblance de chaque animal inférieur, et son voyage vers le haut entraîne avec lui la grâce et le don particuliers de chaque créature qu'il a laissée derrière lui, "parfois un os, ou un muscle, ou un ganglion, " jusqu'à ce que les excellences de nombreuses formes inférieures soient concentrées dans l'homme supérieur unique. Dans le corps humain, il existe aujourd'hui soixante-dix structures vestigiales, par exemple des appendices vermiformes, utiles dans la vie inférieure mais pire qu'inutiles chez l'homme. Lorsqu'un anatomiste découvrit un organe chez un certain animal, il prédit son existence rudimentaire chez l'homme embryonnaire, et on nous dit que sa prophétie s'accomplit au microscope, "tout comme la planète Neptune fut découverte après que son existence eut été prédite à partir des perturbations produites". sur l'orbite d'Uranus. De même qu'une noble galerie doit sa suprématie à des siècles de labeur et représente des trésors apportés de tous les climats et de tous les pays, de même le corps humain représente les contributions de la terre et de la mer, ainsi que les membres et les organes d'innombrables créatures qui rampent, marchent et volent.

Ainsi, la descendance de l'homme à partir des animaux a été remplacée par l'ascension du corps humain. Il ne s'agit pas là d'une dégradation, mais d'une exaltation indicible. L'homme est « créé d'une manière effrayante et merveilleuse ». Dieu a ordonné la longue marche ascendante pour rendre son corps extrêmement sensible et apte à devenir la demeure d'un esprit divin. Comme cette vision rehausse merveilleusement la dignité de l'homme et revêt Dieu de majesté et de gloire ! C'est une bonne chose pour l'inventeur de construire une montre. Mais si le génie était donné à un joaillier pour construire une montre dotée du pouvoir de s'autoréguler et, lorsqu'elle est usée, de se reproduire dans une autre montre d'une forme nouvelle et supérieure, en la dotant en même temps du pouvoir de transmettre cette capacité de l'amélioration personnelle? La sagesse et l'habileté requises pour fabriquer une montre qui s'ajuste, s'améliore et réussit d'elle-même n'est-elle pas bien plus que la sagesse requise pour construire une simple montre ? Si la science devait finalement adopter la nouvelle vision, déjà adoptée par pratiquement tous les biologistes, elle ne ferait que substituer la méthode du gradualisme et d'une progression progressive à un corps humain créé par un décret instantané et péremptoire. Mais c'est une question qui s'adresse aux spécialistes et aux experts. Les universitaires qui acceptent ce point de vue, y compris des penseurs tels que le regretté président McCosh de Princeton ; Dana, de Yale ; des professeurs tels que Caird , Drummond et de nombreux autres noms, tous réputés pour leur croyance et leur vie chrétienne, trouvent que ces nouvelles opinions ne gaspillent pas la foi, mais la nourrissent plutôt. Autrefois, les hommes craignaient et combattaient la doctrine de la gravité de Newton, craignant que ce principe ne détruise la croyance. Aujourd'hui, beaucoup sont troublés par les nouvelles conceptions du développement. Mais il est possible de croire en l'évolution, tout en croyant en Dieu de tout son esprit, de toute son âme et de toute sa force. Curieusement, certains ne sont pas disposés à sortir progressivement d'un animal, mais tout à fait disposés à sortir directement de la motte. Mais l'une ou l'autre origine est suffisante, à condition que l'homme soit monté suffisamment loin de la motte et de l'animal et se soit approché de l'ange. Il y en a pour qui aucune descente ne semble possible : ils ne peuvent pas descendre plus bas ; habitant maintenant avec des bêtes; d'autres semblent n'avoir fait aucune ascension, mais se trouver même maintenant sur le plan des choses qui rampent et rampent. Laissons la question aux scientifiques. Quelle que soit la manière dont le corps est venu, la mentalité et la spiritualité y sont désormais greffées. L'homme n'est plus animal, mais spirituel ; et le merveilleux développement de l'homme de ce côté-ci de la tombe est le gage et la promesse d'un long progrès au-delà de la tombe, lorsque l'esprit divin, par ses ressources secrètes, fera jaillir des hommes des émotions, des dispositions et des aspirations bien au-delà du présent. la pensée et la vie, car l'arbre est au-delà de la graine et des racines basses.

Dans cette nouvelle vision du corps humain, la science non seulement présente la croissance et la perfection de l'homme comme le but vers lequel Dieu s'est dirigé depuis le début, mais elle met également en lumière le caractère pécheur de l'homme et les conflits qui font rage au sein de l'âme. L'homme est considéré comme une double créature. L'homme spirituel chevauche un homme de chair et est souvent jeté et piétiné par celui-ci . Il existe une nature animale inférieure possédant tous les appétits et toutes les passions qui soutiennent l'organisation physique ; mais superposé à cela se trouve un homme spirituel, doté de raison et de sentiment moral, d'affection et de foi. L'union des deux signifie conflits et conflits ; faire ce qu'on ne ferait pas et laisser de côté ce qu'on ferait. Le poète décrit cette situation en disant : « Le diable s'est installé très tôt sur le territoire humain, et Dieu a envoyé un ange pour le déposséder. » La nature animale suscite toutes sortes de passions et de convoitises. De là sortent aussi des lumières sinistres et des ruisseaux troubles. Mais l'homme inférieur n'est pas le véritable homme. Le soldat monte à cheval, mais il est lui-même autre que sa bête. L'homme utilise un animal en bas, mais l'homme est ce qu'il est en haut. Le péché est la lutte pour la suprématie entre les forces animales et les puissances spirituelles supérieures. Les passions d'en bas doivent être subordonnées à celles d'en haut. Chez certains hommes, les impulsions animales prédominent avec une force terrible et il n'est pas facile de les maîtriser. C'est comme si un enfant essayait de conduire un char tiré par quarante destriers du soleil. Lorsqu'un homme découvre qu'il ne peut pas endiguer le ruisseau de montagne, ni en boucher les sources, il apprend à utiliser le ruisseau en construisant un moulin et en contrôlant la pression de l'inondation pour moudre son maïs. De même, le problème de la vie est que l'homme supérieur éduque, contrôle et transmue les forces inférieures en sympathie et en service. Les pouvoirs combatifs autrefois retournés contre ses semblables doivent être retournés contre la nature et utilisés pour abattre les forêts, combler les rivières, percer les montagnes. Ainsi, chaque force et passion animale devient sacrée par la consécration à des fins et des objectifs mentaux et spirituels.

Le péché cesse donc d'être philosophie ou médiévalisme ; cela devient un fait personnel concret. Chaque jour, chacun est soumis à sa domination et à son emprise. L'esprit aime la vérité et le corps tente l'homme de briser la vérité. L'âme aime l'honneur et la passion la tente de détourner son chemin. L'homme sort le matin avec toutes les sources de la générosité ouvertes ; mais avant la nuit, l'égoïsme a endigué les sources cachées. Le matin, l'homme sort avec amour en irradiant son visage ; il revient la nuit maussade et noir de haine et d'inimitié. Le matin, l'âme est comme un jeune soldat, paradant en blanc inoxydable ; la nuit, ses vêtements sont souillés et souillés par l'indulgence et le péché. De même qu'il y a une ligne le long des tropiques où deux zones se rencontrent et engendrent une tempête perpétuelle, de même il y a une ligne médiane dans l'homme où l'homme animal rencontre l'homme spirituel, et il y a une tempête perpétuelle. Là, les nuages ne disparaissent jamais et le tonnerre ne s'éteint jamais hors de l'horizon du temps. Cette vision, qui fait appel à la raison universelle, fait aussi appel à l'aide divine. Dans son combat quotidien, l'homme a besoin de la présence maussade et de la stimulation constante de l'être divin. L'homme attend le stimulus de Dieu comme les racines gelées attendent l'approche du soleil de Dieu. L'âme regarde toujours vers les collines d'où vient son secours. Matin, midi et soir, l'homme aspire à un libérateur. Dieu est le gage de la victoire de l'âme sur le corps. Pour les hommes qui pataugent dans le bourbier du péché et qui méprisent ces paroles : « Vous pouvez, vous devez naître de nouveau », sont plus douces que les chants des anges tombant des collines du Paradis.

Considérez les usages du corps. C'est le maître d'école de Dieu qui enseigne l'industrie, encourage l'économie et l'épargne et promeut toutes les moralités les plus élémentaires. Elle contient les sources de toute civilisation matérielle. Si nous remontons à l'aube de l'histoire , nous constatons que la faim et les désirs associés au corps ont été les principaux stimulants du progrès industriel. L'indolence est la stagnation. Les sauvages des tropiques sont engourdis et sans progrès. La faim pousse les hommes à se demander quelle nourriture se trouve dans la rivière, quelles racines se trouvent dans le sol, quels fruits se trouvent dans les arbres, quelles forces se trouvent dans l'air. Le corps est péremptoire dans ses exigences. La faim est un fléau cuisant. La nécessité chasse les mauvais esprits de l'indolence et de la torpeur. Les premiers hommes, parcourant les fourrés à la recherche de nourriture, tombèrent par hasard sur une prune sucrée et, comme le buisson poussait loin de sa hutte , il transplanta la racine dans une vallée proche de chez lui. De là sont venus tous les vergers et les vignes de l'homme. Frissonnant de froid, l'homme cherchait une grotte abritée ou un arbre creux. Mais bientôt le corps lui demanda de creuser une deuxième grotte en plus de celle que la nature lui avait fournie. Répondant à ses demandes, l'homme a continué, dans l'intérêt de son corps, à empiler pierre sur pierre et à élever des piliers sculptés et des arcs d'arête. De là sont venus tous les foyers. Pour le corps, le semeur s'en va semer, et le moissonneur attend avec impatience le temps des gerbes et des cris . Pour fortifier le corps , le berger fait sortir ses troupeaux, et pour les vêtements, le tisserand fait voler les métiers à tisser et les fuseaux. Pour le corps, tous les trains entrent et sortent à toute vitesse, apportant des fruits du sud ensoleillé et des fourrures du nord gelé. Toutes les vertus et intégrités inférieures naissent de ses désirs. De même qu'un moteur, flottant dans un grand navire, n'aurait aucune valeur, mais, fixé avec des boulons, il propulse la grande coque à travers l'eau, de même le corps attache et boulonne l'esprit dans les champs, les forêts et la ville, et le rend utile et productif. On peut dire que la vie matérielle et la civilisation reposent littéralement sur les os et les tendons de l'homme.

Le corps est aussi le canal de toutes les connaissances. Comme l'enfant comprend mal la maison-monde dans laquelle il vit ! Il y a suffisamment d'étagères, mais elles sont toutes vides. Dans l'intérêt de l'intelligence, son esprit est enveloppé dans ce corps sensible et les forces du monde ne se rapportent pas à ce mécanisme nerveux sensible. Le feu entre pour brûler les doigts de l'homme et lui apprendre à faire en sorte que le feu frappe la vapeur de l'eau. Le froid vient lui pincer les oreilles et lui pincer les joues jusqu'à ce qu'il apprenne l'économie de la glace, de la neige et de la pluie. Steel lui coupe les doigts et le sang coule. Désormais il tourne la hache vers les arbres et la faux vers le grain sur pied. La pierre qui tombe le blesse, ce qui l'oblige à connaître la gravité et à utiliser un marteau-pilon, des poids et des poulies. En regardant vers le bas, l'œil discerne l'écriture manuscrite sur les rochers et l'esprit lit l'histoire romantique de la Terre. En regardant vers le haut, la vision parcourt la Voie lactée pour mesurer les masses étoilées et rechercher leurs mouvements. L'oreille tend des sons doux et Sainte Cécile entend les mélodies du ciel. Penché sur le berceau, le parent s'émerveille devant la générosité de Dieu face à son bébé. Quand le petit s'en va, le parent copie son visage avec des couleurs grossières ou sculpte sa forme dans le marbre. Ainsi tous les arts, sciences et inventions sont des dons du corps à la vie mentale et morale de l'homme.

Il y a une belle histoire d'une compagnie d'êtres célestes qui, déguisés, sont entrés dans une ville ancienne avec une mission de miséricorde. En partant précipitamment, un jeune enfant blond a été laissé derrière lui et perdu. Le matin, quand les hommes arrivaient dans les rues , ils trouvèrent un gentil garçon aux cheveux ensoleillés assis sur les marches du temple. La langue n'en avait pas. Il répondait aux questions avec des yeux ruisselants et un visage effrayé. Tandis que les hommes s'étonnaient, un esclave s'approchait , portant une harpe. Alors l'enfant céleste fit signe vers l'instrument, pour cette langue qu'il pouvait parler. Il jeta ses bras autour de la harpe comme l'enfant autour du cou de sa mère. Il toucha une corde. Dans l'air feutré se détachait une note pure, claire et douce, comme si les améthystes et les perles se fondaient en mélodies liquides. C'était de la musique, mais pas celle que les mortels donnent aux mortels. C'était une chanson que l'esprit chantait à l'esprit, faisant signe à travers les rues du ciel. C'était un hymne à la mère qu'il avait aimée et perdue. Les yeux larmoyants et le visage souriant, le petit étranger et la harpe pleuraient ensemble, riaient et sanglotaient pour exprimer leur chagrin et leur chanson. C'était le discours d'un enfant qui avait le mal du pays. Ce que cette harpe était pour le garçon silencieux, le corps humain l'est pour l'âme intérieure de l'homme. L'âme grouillait de pensées. Les fantaisies surgissaient et se pressaient à l'intérieur. Alors Dieu donna à l'âme un corps, comme une harpe à plusieurs cordes. Grâce à elle, l'âme trouve une voix et déverse ses pensées riches et ses émotions variées.

Considérez également comment la nature a ordonné que le corps soit un système d'enregistrement moral. La nature a un registre de tous les actes des hommes et tient ses comptes sur des tablettes charnelles. L'esprit peut oublier, le corps jamais. Le cerveau veille à ce que les pensées intérieures se débarrassent immédiatement des mouchoirs extérieurs. La luminosité mentale donne l'éclairage du visage. L'acte juste ou la pensée vraie imprègne les traits de son cachet de beauté ; le mauvais acte ou la mauvaise pensée pose son sceau de distorsion. La pureté morale et la douceur affinent et embellissent le visage. Le corps est une vitrine, annonçant et exposant le stock de biens de l'âme. La nature condense les branches, les bourgeons et les arbustes en charbon noir ; compacte les riches forces de l'air, du soleil et du sol en pêche et en poire. Au royaume de la morale, il y a des gens qui semblent être de vertu, de vérité et de bonté tous compacts. Au contraire, chaque jour, vous rencontrerez dans nos rues des hommes qui sont de solides bestialité et méchancetés maquillées de chair et de peau. Chaque trait est aussi éloquent de coquinerie que celui d'un singe d'idiotie. Les experts en physionomie n'ont pas besoin de confession de lèvres espiègles, mais lisent l'histoire de la vie de page en page écrite sur des traits « obscurcis par la sensualité, convulsés par la passion, marqués par le remords ; le corps consumé par la paresse et déshonoré par des usages égoïstes ; les os plein des péchés de la jeunesse, le visage hideux de vices secrets, les racines séchées en dessous et les branches coupées en haut. Il est aussi naturel et nécessaire que les pensées et les actes cachés se révèlent à travers la cuticule, qu'une racine ou un bourgeon au printemps se déroule à la vue et à l'observation. Ici et maintenant, tout tend à obscurcir l'écriture de la nature et à la voiler de brume et de déguisement. Mais le corps est la toile de Dieu, et l'écriture de la nature continue toujours. Chaque faculté est un pinceau, et avec lui la raison dessine le portrait. Même le loup peut donner quelque chose aux traits, ainsi que le serpent et le scorpion. Bientôt viendra une heure où les hommes n'entendront plus la voix des sirènes chanter des louanges à l'oreille, ni les applaudissements des hommes de mauvaise conduite et de conscience, mais une heure où les hommes se tiendront en présence de la lumière révélatrice de tout et verront. eux-mêmes tels qu'ils sont et revoir la vie qu'ils ont incarnée et portraiturée . Heureux, trois fois heureux, ceux qui ont parcouru tout le chemin de la vie et arrivent enfin à l'heure où ils se trouvent face à face avec eux-mêmes, pour y trouver une image divine à l'image de la beauté et de la plénitude de Celui dont le visage a été transfiguré et resplendit comme la lumière.

Le jour est enfin venu où la science renforce l'argument en faveur de l'immortalité. Le rêve du prophète et voyant se confirme à la lumière des connaissances modernes. "Chaque nouvelle découverte", dit John Fiske, "place l'homme à un sommet plus élevé que jamais et éclaire l'avenir de la couleur radieuse de l'espoir." Laissant son corps derrière lui, l'homme chemine vers une destinée immortelle. La science a vidé mille significations nouvelles dans les paroles de Socrate : « La destruction de la harpe ne signifie pas la mort du harpiste. » La nature veut que la fleur tombe lorsque le fruit gonfle. Si la créature ailée doit apparaître et croître, la chrysalide doit périr et diminuer. Une fois le long voyage terminé, il est naturel que la boîte dans laquelle est emballée la statue richement sculptée et précieuse soit jetée. Rapidement, la jeunesse avance vers la maturité, la vieillesse vers la vieillesse, et la faux attend tout le monde. Mais la maladie et les troubles ne peuvent rien faire d'autre que d'obscurcir l'œil, d'émousser l'oreille, d'affaiblir la main. La mort et la mort ne servent à rien à nuire à la raison, à l'affection, à l'espoir ou à l'amour.

Au terme d'une longue et ardue carrière, le célèbre Lyman Beecher est décédé dans un trouble mental. Le grand homme est devenu comme un petit enfant. Un jour après que son fils, Henry Ward, eut prêché un sermon saisissant, son père entra en chaire et commença à parler en errant dans ses paroles. Avec une grande tendresse, le prédicateur posa la main sur l'épaule de son père et dit à l'auditoire : « Mon père est comme un homme qui, après avoir longtemps habité une vieille maison, s'est préparé à entrer dans une nouvelle et plus grande maison. , il a envoyé à l'avance une grande partie de ses meubles d'âme. Lorsque plus tard le jour du déménagement a été reporté, l'intervalle a semblé si bref qu'il a rendu inutile de ramener ses biens mentaux. Oh, de belles paroles décrivant ceux dont la force décline, dont l'esprit reflue et dont les sens s'affaiblissent, parce que Dieu emballe les meubles de leur âme afin qu'ils soient prêts pour le long voyage qui nous attend tous. Mais le voyage de l'homme ne mène pas à la tombe. Mourir est une transmutation. Mourir n'est pas replier les ailes ; mais en plombant les pignons pour un vol nouveau et plus grand. Mourir, ce n'est pas frapper un rocher invisible, mais entrer rapidement dans un port ouvert. La mort n'est pas un ennemi, laissant la flèche voler vers celui qui est assis à la table du banquet de la vie. La mort est une amie venue en mission de libération et de convoi divin. Pour les enfants de Dieu, « être appelés par la mort, c'est être appelés par Dieu ; être appelés par Dieu, c'est être trouvés par Christ ; être trouvés par Christ, c'est l'espérance, la maison et le ciel ».

NOTES DE BAS DE PAGE :

Voir Symposium sur l'évolution, Homiletic Review, mai 1894.

L'ESPRIT : ET LE DEVOIR DE PENSER CORRECTEMENT

" Vous tous qui possédez le pouvoir de la pensée, appréciez-la bien ! Rappelez-vous que son vol est infini ; il serpente au-dessus de tant de sommets de montagnes, et ainsi court de la poésie à l'éloquence, il vole ainsi d'étoile en étoile, il rêve ainsi, aime tellement, aspire tellement, pèse tellement sur le mystère et les faits, que nous pouvons bien appeler cela l'effort de l'homme pour explorer la maison, le palais infini de son Père céleste. "- *Swing.*

« Des hommes avec des empires dans le cerveau. » — *Lowell.*

"C'est l'esprit qui rend le corps riche." — *La Mégère apprivoisée.*

"Comme des pensées dont la douceur même prouve qu'elles
sont nées pour l'immortalité." - *Wordsworth.*

« Ni les années ni les livres n'ont encore réussi à extirper un préjugé alors enraciné en moi selon lequel un érudit est le favori du ciel et de la terre, l'excellence de son pays, le plus heureux des hommes. » — *Emerson.*

"Heureux l'homme qui trouve la sagesse, car son commerce vaut mieux que celui de l'argent, et son gain que l'or fin." - *Salomon.*

V

L'ESPRIT; ET LE DEVOIR DE BIEN PENSER

Avec de belles images, le voyant d'autrefois comparait l'esprit à un arbre. L'arbre secoue ses fruits et l'esprit répand ses pensées. Les branches de l'un couvriront le pays de forêts ; les facultés de l'autre sèmeront dans le monde des récoltes qui ravagent ou des récoltes qui bénissent. La mesure de la valeur personnelle est donc le nombre et la qualité des pensées qui émanent de l'esprit de l'homme. Car tout ce que l'on appelle commerce, et tout ce qui parle, appelé conversation et livres, commencent par la pensée appelée idées. Chaque chose était d'abord une pensée. Un métier à tisser est la pensée d'Arkwright habillée de vêtements de fer. Les livres sont les pensées du savant capturées et fixées sur la page blanche. De même que notre planète et les récoltes qui la recouvrent sont les pensées de Dieu qui se précipitent dans une expression visible, de même toutes les maisons et tous les navires, toutes les villes et toutes les institutions sont les pensées intérieures de l'homme, prenant une incarnation extérieure et matérielle.

Lorsque les pensées transformées en habitudes ont déterminé le caractère et le destin de l'individu, celles-ci continuent et assurent son progrès social. Lorsque Dieu veut ordonner un grand mouvement ascendant pour la société, Il laisse tomber une grande idée dans l'esprit d'un dirigeant. De telles énergies divines ont la pensée qu'elles créent de nouvelles époques dans l'histoire. Grâce à Luther, la pensée de la liberté dans l'Église et dans l'État a fait trembler les tyrans et faire chanceler les trônes. Grâce à Cromwell, la pensée des droits personnels est devenue une arme suffisamment puissante pour détruire cette citadelle d'iniquité appelée le droit divin des rois. C'était une grande pensée morale appelée la « Règle d'Or » qui tirait sur le canon du Nord pour la victoire et sur le canon du Sud pour la défaite. La puissance d'une idée morale est sans mesure. Elle dépasse la force des tremblements de terre et la puissance des raz-de-marée. La raison pour laquelle aucun érudit ou historien ne peut prédire les événements et les institutions du siècle prochain est qu'aucun ne peut dire quelle grande idée Dieu laissera tomber dans l'âme d'un homme destiné à en être la voix et le prophète.

Or la toute-puissance des pensées n'est pas sans raison. L'homme est l'enfant du génie parce qu'il est l'enfant de Dieu. Ces belles paroles, « faites à son image », nous disent que le mécanisme humain est calqué sur le divin. La raison et la mémoire chez l'homme répondent à ces facultés en Dieu, tout comme la conscience et les sentiments moraux. Dans le génie créateur, l'homme seul partage avec Dieu. De même que l'Infini qui traverse l'espace laisse derrière lui ces traces brillantes appelées soleils et étoiles, qui brillent et scintillent sur d'innombrables planètes, de même l'esprit de l'homme, se déplaçant à travers la vie, laisse derrière lui un chemin tout brillant de livres, de lois, de libertés et de foyers. De toutes les choses merveilleuses que Dieu a faites, l'homme, l'étonnant, est lui-même la plus merveilleuse. Aucun cercueil appartenant à un roi, rempli de pierres précieuses et de joyaux étincelants, n'a jamais contenu un tel trésor que Dieu a mis dans ce cercueil d'os et de tendons. L'imagination ne peut peindre dans des couleurs trop riches cet être qui est une édition miniature de l'infini. Ce n'est pas une fiction, mais un fait, de dire que la raison est un métier à tisser ; seulement là où le mécanisme de Jacquard tisse quelques mètres de soie et de satin, la raison tisse la conversation, la sympathie, les chansons, les poèmes, l'éloquence – des textures toutes immortelles. Et la mémoire est une galerie ; seulement là où le Louvre conserve quelques images du passé, la mémoire, agitant sa baguette miraculeuse, ramène tous les visages, vivants et morts, faisant défiler devant l'esprit les montagnes et les champs de bataille, avec toutes les scènes lointaines, en procession solennelle.

La Banque d'Angleterre dispose en effet d'un mécanisme qui teste les pièces de monnaie et rejette tous les poids légers. Mais le jugement est un instrument qui teste les choses invisibles, pèse les arguments et les motivations, teste les principes et les caractères. Et les désirs ne ressemblent-ils pas aux argosies richement chargées du commerce ? Et imaginez, n'est-ce pas le talent d'un artiste et d'un architecte ? L'imagination, travaillant dans le domaine de l'utile, transforme le fer en moteur. L'imagination, travaillant dans les domaines du beau, transforme les pigments en images. L'imagination, travaillant dans le domaine de la pensée, peut transformer les choses vraies en sciences et les choses bonnes en systèmes éthiques. Le philosophe a bien dit que la plus grande étoile est celle qui se tient au petit bout du télescope, celle qui regarde, non pas regardée ni cherchée. Lorsqu'un Agassiz draguant l'Atlantique nous raconte quels animaux y vivaient il y a un million d'années, l'esprit du scientifique semble être un abîme plus profond que la mer elle-même ; et lorsque Tyndall, grimpant au sommet du Cervin, lit sur cette page rocheuse tous les événements du monde antique, la montagne est réduite à une fourmilière et devient insignifiante en présence de l'érudit à l'esprit montagnard. Les chasseurs nous racontent qu'en traversant un marécage, ils sautent d'une butte d'herbe à l'autre. Mais Herschel et Proctor, explorant le monde céleste, avancent d'étoile en étoile. Le laboureur, serrant une grappe de raisin dans sa coupe, ne fait que nous interpréter la manière dont le savant presse les planètes et les soleils pour remplir la coupe de connaissance de l'âme assoiffée de l'homme. Ce monde vaste et merveilleux à l'extérieur n'a d'égal que l'esprit riche et varié de l'homme à l'intérieur ! Emerson s'est bien exclamé : « Homme, palais de la vue et du son, portant dans tes sens les nuits et les matins, les étés et les hivers

; portant dans ton cerveau la géométrie de la Cité de Dieu, dans ton cœur tous les berceaux de l'amour, et tous les domaines du bien et du mal. »

Telle étant la nature de l'esprit, considérez sa prodigieuse fécondité en pensée. Si tous les processus de l'esprit étaient réduits à un volume matériel, les pensées de chaque instant rempliraient une page, les pensées de chaque heure rempliraient un chapitre, les pensées de chaque jour rempliraient un volume, les émotions d'une année rempliraient un chapitre. une petite bibliothèque de nombreux volumes. La valeur peut manquer, mais pas le volume. Il est donné à l'œil de contempler les moissons opérées par la force secrète des racines et des rayons du soleil. Mais si tous les produits de l'âme pouvaient être rendus visibles à l'œil et à l'oreille, comme ces exhalaisons qui s'élèvent et remplissent tout l'air seraient merveilleuses. Si toutes les émotions, les passions et les rêves d'un seul jour étaient pleinement révélés, quels drames y aurait-il au-delà de toutes les tragédies que la main de l'homme a jamais indiquées ! Considérez quelle fertilité possède l'esprit ! Considérez combien de pistes de pensée la raison prend chaque heure. Considérez tout ce qui appartient à l'homme en tant qu'animal, ses peurs et ses passions, de nature défensive . Considérez son équipement social, avec toutes les humeurs et combinaisons d'affections possibles. Considérez les vastes activités de sa raison qui s'étendent vers l'extérieur, et celles de son imagination qui s'étendent vers le haut. Parfois, le matin, les pensées de l'homme portent sur le nombre et la force, comme la force des armées. Parfois, la nuit, ses aspirations s'exhalent vers le ciel avec toute la pureté et la beauté des nuages. Considérez également comment les conflits et les guerres de la vie enflamment les facultés de l'homme et accélèrent leur processus.

Considérez comment le courage, le découragement, l'espoir et la peur, l'amitié et l'inimitié augmentent les activités. Considérez les ambitions de l'homme : les coursiers du soleil traînent avec une rapidité incroyable le char de l'âme. Considérez les rivalités entre hommes. Quelles intensités de pensée en sont ainsi induites ! Considérez que vers nos amis, l'esprit envoie des pensées qui sont des aumôniers de générosité et des anges de miséricorde. Mais considérez que l'homme est face à son ennemi, avec un esprit semblable à celui d'une ville fortifiée remplie d'hommes armés. Considérez comment, dans les conflits de la vie, les pensées deviennent des épées de colère, des massues d'envie, des aiguillons pour siffler la haine. Considérez que dans les moments de grande excitation, l'âme s'enflamme et brûle littéralement, exhalant des émotions et des pensées comme une planète exhale de la lumière et de la chaleur. Merveilleuse puissance du métier à tisser nouvellement inventé, qui, avec une rapidité merveilleuse, tisse en soie des figures de fleurs, d'arbres et d'oiseaux. Mais la vitesse extrême de ces navettes volantes est la lenteur elle-même comparée à la rapidité du métier à tisser mental, qui tisse sans bruit ni bruit des tissus éternels à partir de la chaîne et de la trame de l'affection et de la pensée, de la passion et du but. Considérez que chaque homme n'est pas simplement deux hommes, mais une vingtaine d'hommes. Tous les dérèglements climatiques de la nature, toutes les variations de température dues au chaud et au froid, à l'humidité et à la sécheresse, à l'été et à l'hiver, ne font que répondre en nombre et en variété aux humeurs du cerveau humain. L'été productif n'est pas aussi riche en générosité que l'esprit est riche en pensées lorsqu'il travaille ses humeurs régnantes et créatives. Les bâtiments construits par les mains de l'homme sont vastes ; douces sont les chansons que l'esprit de l'homme a chantées ; beaux les visages que la main de l'homme a peints ; mais les chants silencieux que l'âme entend, les images invisibles que l'esprit voit, les bâtiments secrets que l'imagination élève, tout cela est mille fois plus beau que tout ce qui existe encore dans ce monde matériel.

Les Espagnols ont un proverbe qui dit que « Celui qui sème des pensées récoltera des actes, des habitudes et du caractère », car le destin lui-même est déterminé par la pensée. La vie est gagnée ou perdue par ses pensées maîtresses. De même que rien ne révèle le caractère comme la compagnie que nous aimons et entretenons, de même rien ne prédit l'avenir comme les pensées sur lesquelles nous ruminons. On disait de John Keats que son visage était celui de quelqu'un qui avait eu une vision. Si longtemps son regard intérieur était fixé sur la beauté, si longtemps il avait aimé cette vision splendide, si longtemps il avait vécu avec elle, que non seulement son âme prenait la beauté de ce qu'il contemplait, mais les lignes mêmes du texte du poète. Les visages ont été sculptés en beauté par ces sculpteurs appelés pensées et idéaux. Lorsque Wordsworth parle de la beauté de la jeune fille comme « née du murmure », le poète indique sa conviction que le long amour de la jeune fille pour la bruyère douce et le chant de la grive, ses tendres soins pour ses fleurs préférées, avaient abouti à la saturation de ses propres fleurs. visage avec douceur. Rapidement, nous devenons semblables aux pensées que nous aimons. Les érudits ont remarqué que les personnes âgées qui ont « vécu longtemps ensemble, « au milieu du soleil et « au milieu d'un temps nuageux », finissent par se ressembler autant que frère et sœur : Emerson explique cette ressemblance en disant que penser longtemps aux mêmes pensées et aimer les mêmes objets façonne la similitude dans les caractéristiques. Il n'existe pas non plus de beauté dans le visage d'un jeune ou d'une jeune fille qui puisse survivre longtemps à l'aigreur du caractère ou au mécontentement du cœur.

Au contraire, tous ont vu des visages très simples, naturellement devenus positivement radieux parce que la belle âme qui est enchevêtrée dans et se tient derrière les muscles a brillé et embelli tous les tissus du visage. Deux de nos grands romanciers ont étudié spécialement la puissance architecturale de la pensée. Dickens montre Monks comme commençant sa carrière d'enfant innocent et magnifique ; mais comme mettant fin à sa vie comme une masse de bestialité solide, un simple morceau d'iniquité charnue. C'était la réflexion sur le vice et la vulgarité qui transformait le visage de l'ange en un visage de démon. Hawthorne a fait une étude similaire sur Chillingworth, dont la détérioration morale a commencé par de mauvaises pensées lorsque le visage et le physique étaient pleinement mûrs. Chillingworth s'est présenté au milieu de la vie comme un homme réfléchi, sérieux et juste ; mais, pendant son absence, il subit un grave tort. Ne connaissant pas l'identité de son ennemi, le médecin en vint à soupçonner son ami. Par des questions habiles, il fouilla dans le cœur de Dimmesdale comme le sacristain fouillerait dans la tombe à la recherche d'un éventuel joyau sur la poitrine d'un mort. Lorsque la suspicion s'est transformée en certitude, l'inimitié s'est transformée en haine. Puis, pendant deux ans, Chillingworth a torturé sa victime comme autrefois les inquisiteurs torturaient les hommes en tordant la chair avec des pinces chauffées au rouge. Bientôt le visage du médecin, autrefois si doux et si juste, prit un aspect sinistre et malin. Les enfants le craignaient, les hommes frissonnaient en sa présence, ils ne savaient pourquoi. Un jour, le magistrat a vu la lumière briller dans ses yeux « avec des flammes qui brûlaient en bleu, comme l'horrible feu qui jaillissait de l'horrible porte de Bunyan à flanc de colline et frémissait au visage du pèlerin ». Tout cela est la façon dont Hawthorne nous explique comment les pensées déterminent le caractère et façonnent le destin. Celui qui pense à des choses méchantes et laides aura bientôt de la boue au fond des yeux. La laideur intérieure encrasse bientôt les tissus du visage. Mais celui qui pense aux « choses vraies, justes et belles » sera, par sa pensée, transformé en l'image de l'idéal qu'il contemple, de même que la rose devient rouge en exposant son sein aux rayons du soleil et en trempant chaque pétale dans la lumière du soleil. beaux rayons.

Non seulement les pensées sont les bâtisseurs du caractère de l'individu ; ils sont aussi les architectes des États et des nations. Tout ce merveilleux tissu qui recouvre notre terre comme un beau vêtement est un tissu filé et tissé à partir d'idées. Chaque substance extérieure a été construite par un sentiment intérieur. Ce que l'œil voit, ce sont de la pierre, de la brique et du fer unis par des maçons et des charpentiers, mais les forces qui maintiennent ces choses matérielles ensemble ne sont pas des liens de fer, mais des pensées et des croyances. Détruisez le nerf vital qui traverse l'arbre et les anneaux de bois s'effondreront bientôt. Détruisez les pensées et les croyances de notre peuple, et ses foyers, collèges et institutions déclineront et se dégraderont. Envoyez un million de mahométans dans notre pays, et leurs pensées intérieures se réaliseront dans les mosquées, les minarets et les harems. Mais poussez un million d'Américains en Asie Mineure et aussitôt leurs pensées prendront ces formes visibles appelées maisons et usines, temples du savoir, autels de louange et de prière. Car ce que nous appelons la civilisation saxonne n'est qu'une magnifique incarnation d'un certain type mental et d'un certain caractère moral. Non seulement les individus, mais aussi les nations sont des éléments dont sont faites les pensées.

Dans sa célèbre histoire du tir à l'arc, Virgile représente Aceste comme tirant sa flèche avec une telle force qu'elle prit feu en vol et s'envola dans les airs toute enflammée, ouvrant ainsi de l'endroit où se tenait l'archer un chemin de lumière vers les cieux. Il est maintenant donné aux pensées de l'homme de réaliser cette belle histoire, en ce sens qu'elles ouvrent des chemins lumineux le long desquels les pas humains peuvent se déplacer. D'un point de vue pratique, c'est par la pensée seule que l'homme résout son problème de subsistance. Debout, chacun à sa place, utilisant ses facultés les plus fortes et travaillant dans la ligne de moindre résistance, chacun doit conquérir pour lui-même nourriture et soutien. Dire que la société nous doit de vivre ou de consommer plus que ce que nous produisons, c'est sombrer dans la pauvreté et le parasite. L'homme qui réussit est celui dont les pensées concernant son problème de subsistance ont été des pensées sages ; les pauvres et les vagabonds, avec leur faim et leurs haillons, sont des hommes qui ont bêtement réfléchi à la meilleure façon de gagner leur vie.

Celui qui possède une faculté puissante, dont l'utilisation procurerait plaisir et succès, mais qui la laisse de côté pour utiliser une faculté plus faible, est voué à la médiocrité et à un échec déchirant. L'aigle a des muscles puissants sous les ailes, mais des pattes fines et faibles ; le faon n'a pas le poids du cheval de trait, mais il a des membres pour la rapidité. Or, si un aigle devenait concurrent dans une course à pied et si le faon entrait dans la liste des chevaux de trait, nous aurions cela qui répond précisément à la manière dont certains hommes cherchent à gagner leur vie, en attachant leurs forces les plus fortes. don et en utilisant leurs facultés les plus faibles. Quand on dit que cinq marchands seulement sur cent réussissent, on s'aperçoit que la grande majorité des hommes ne réfléchissent à rien en choisissant un métier. Se souvenant de ses amis qui s'étaient mal adaptés, Sidney Smith a dit un jour : « Si nous représentons les occupations de la vie par des trous dans une table, certains ronds, certains carrés, certains oblongs, et les personnes par des morceaux de bois de formes similaires, nous trouverons généralement que la personne triangulaire est entrée dans le trou carré, l'oblongue dans le triangulaire, tandis que la personne carrée s'est glissée dans le trou rond. Faute d'une sage réflexion préalable, des multitudes sont mortes le cœur brisé au milieu de l'échec et de la misère, alors qu'elles auraient pu atteindre un grand bonheur et un grand succès si elles avaient utilisé leurs pensées pour choisir l'œuvre de leur vie. Celui qui aborde sa tâche avec un cœur de plomb est hors de la course avant d'y être entré. Le succès signifie que le cœur aime ce que fait la main. Le problème du gagne-pain est celui qui nous touche en premier et le plus étroitement, et seules les pensées sages sont données pour résoudre ce problème.

Le nombre et la valeur de nos pensées déterminent la valeur d'un homme pour la société. Aucun investissement n'apporte un taux d'intérêt aussi élevé que les investissements dans le cerveau. Le travail manuel rapporte peu, mais le travail mental rapporte beaucoup. Dans un camp occidental, un mineur mettait son cerveau dans la pioche et gagnait 2 dollars par jour ; un autre mineur mettait son cerveau supérieur dans le moulin à timbres et recevait bientôt une vingtaine de dollars par jour pour son travail ; un troisième jeune, travaillant dans la même mine, mit son génie dans un procédé électrique d'extraction du minerai et vendit son invention pour une fortune. Il semble que la richesse n'était pas dans la sélection, mais dans les pensées qui la géraient. Si Dieu avait voulu que l'homme accomplisse son travail à travers le corps, ses jambes auraient été assez longues pour parcourir des lieues d'un seul pas, ses biceps auraient été assez forts pour faire tourner la manivelle des bateaux à vapeur, son dos aurait été atlante pour transporter des wagons de marchandises. à travers les plaines.

Mais au lieu de donner à l'homme de longues jambes, Dieu lui a donné un esprit capable de fabriquer des locomotives. Au lieu d'yeux télescopiques, il a donné à l'homme l'idée d'inventer des lunettes de vision lointaine. Au lieu de mille doigts pour tisser, il a donné à l'homme cinq doigts et le génie d'inventer mille doigts d'acier pour filer. La richesse n'est pas dans les choses, mais dans le cerveau qui façonne la matière première. La somme d'or retirée de la Californie était considérable, mais cette nation pourrait bien payer cent Californies pour qu'un homme invente un procédé permettant de faire fonctionner le moteur au charbon sans l'intervention de la vapeur. Cet inventeur permettrait aux tramways, pour un centime, de transporter les habitants du quartier des immeubles sur dix miles à la campagne en dix minutes, et ainsi, grâce au soleil, à l'air frais et à la solitude, il résoudrait une centaine de problèmes qui irritent aujourd'hui l'homme d'État. et le moraliste. Un jeune botaniste du Kansas vient d'annoncer son intention de croiser l'asclépiade et le fraisier, afin que désormais des fraises et de la crème puissent pousser sur le même buisson. Sa tâche est peut-être vouée à l'échec, mais ce jeune comprend au moins que la pensée a transformé le riz sauvage en blé ; la pensée a transformé la douce bruyère en rose cramoisie ; des cerveaux mélangeaient les pigments pour Paul Véronèse et donnaient à la toile valant quelques florins une valeur de dizaines de milliers de dollars. Déjà de sages pensées ont fait du barbare un gentilhomme et un citoyen, et quelques pensées heureuses couronneront l'homme des attributs et des qualités de Dieu.

Autrefois, le philosophe grec décrivait l'origine de l'homme. Un jour, Cérès, en traversant un ruisseau, vit un visage humain sortir du sol. C'était le visage d'un homme. Debout à côté de cette créature née sur terre, la déesse lui sortit la tête et la poitrine ; mais il laissa ses jambes enfoncées dans le sol.

Or, les amis invisibles qui libèrent l'homme de ses chaînes terrestres sont ces visiteurs divins appelés idées et pensées. Dieu a fait des pensées des chars d'or dans lesquels l'âme est entraînée vers les hauteurs célestes.

Lorsque les pensées ont semé le bonheur et la paix sur le chemin de l'homme , elles déterminent le caractère et l'avenir. Chaque vie mémorable pour la bonté et la noblesse a pour moteur une pensée noble. Chaque héros a grimpé jusqu'à l'immortalité grâce à ces rondes dorées appelées bonnes pensées. Voici cet esprit de cathédrale, John Milton. Dans sa solitude et sa cécité, son esprit était son royaume. Il aimait penser aux choses vraies, pures et de bonne réputation. Souvent, à minuit, à l'oreille du poète retentissait une musique céleste, qu'il transposait ensuite dans son « Paradis retrouvé ». En mourant, il lui fut donné de dire fièrement : « Je ne suis pas de ceux qui ont déshonoré la beauté des sentiments par la difformité de leur conduite, ni les maximes de l'homme libre par les actions de l'esclave, mais par la grâce de Dieu, j'ai a gardé mon âme intacte. Voici l'immortel Bunyan, passant ses meilleures années dans la prison de Bedford parce qu'il insistait pour transmettre aux hommes le message que Dieu lui avait d'abord donné ; mais lui aussi n'ouvrait son esprit qu'aux bonnes pensées. Pour lui aussi naquit la vision céleste. De même que les portes de la prison s'ouvrirent devant Pierre et l'ange, les murs du donjon s'ouvrirent devant ses pensées. Se promenant dans une joyeuse liberté, il franchit les portes du Palais Beau. Du haut de ses marches de marbre, il voyait au loin les Montagnes Délectables. A proximité coulait la rivière de l'eau de la vie. Les brises des collines du Paradis rafraîchissaient ses tempes brûlantes et soulevaient ses cheveux. Ses pensées royales ont couronné le bricoleur de Bedford et l'ont fait roi de la littérature anglaise.

Ici aussi, le Fils du charpentier se lève devant chaque pèlerin terrestre comme une étoile dans la nuit. Un homme d'une intelligence vraiment colossale, incomparable alors qu'il traverse les royaumes et les âges, mais ayant toujours les pensées les plus douces et les plus aimables ; pensées de douceur aussi bien que de majesté ; pensées sur l'humanité ainsi que sur la divinité. Ses pensées étaient des médicaments pour les cœurs blessés ; Ses pensées étaient des ailes pour tous ceux qui volaient à basse altitude ; Ses pensées libérèrent ceux qui étaient pris au piège dans les fourrés ; Ses pensées déposaient un ange à côté de chaque berceau ; Ses pensées sur l'incarnation rendaient le corps humain à jamais sacré ; Ses pensées sur la tombe sanctifiaient le tombeau. En mourant et en se levant, ses pensées tracent un chemin ouvert à travers le ciel. Instruits par Lui, les gens ont appris à penser, non seulement de grandes pensées, mais aussi de bonnes, et aussi à transformer leurs pensées en vie.

En amenant leurs pensées à Dieu, Dieu a transformé la pensée en caractère. Chaque fileur qui avec modestie et fidélité entretient son métier, file certes des vêtements pour autrui, mais tisse aussi lui-même des vêtements invisibles de vie éternelle. Chaque constructeur naval attachant ses poutres ensemble avec des pensées honnêtes découvrira que ses pensées sont devenues des navires le transportant sur la mer jusqu'au port de Dieu. Chaque travailleur mettant l'intégrité dans l'or et l'argent découvrira qu'il a sculpté son propre caractère dans une beauté au-delà de celle des pierres précieuses et des saphirs. Car ses pensées s'entraînent après elles dans l'avenir. Saint Georges Mivart en fut si profondément impressionné qu'il dit : « La vieille pauvre femme que j'ai vue aujourd'hui dans l'hospice, dans sa faim, réservait sa pomme pour la donner à la petite orpheline qui venait d'arriver, et dénouait son bas et plier ses vieux doigts tordus pour tricoter le fil en chaussettes pour les pieds bleus de l'enfant commencera, je le crois en vérité, sa vie à la mort avec plus de génie intellectuel - remarquez les mots, génie intellectuel - que n'en commencera cette seconde vie n'importe quel homme d'État ou n'importe quel homme d'État ou homme d'État. premier ministre ou homme célèbre de nos jours. Car je ne connais personne qui ait été fidèle dans son bien à la manière de la fidélité de la femme pauvre avec son petit.

Car l'intellect pèse autant que le punk contre l'or du caractère. Si Dieu nous donne le choix entre la bonté et le génie, nous pourrions très bien dire : « Donnez le génie à Lucifer, que le mien soit la meilleure part. » L'intellect est froid comme le palais de glace au Québec. Le cœur brisé et épuisés par le combat de la vie, les hommes s'approchent de certains hommes au grand cœur, tandis que les pèlerins se pressent près du feu de l'hiver. Les hommes ne rapprochent pas leurs chaises d'un bloc de glace, ni d'une intelligence brillante. Notre querelle avec le scientifique insensé est qu'il présente Dieu comme un cerveau infini. Nous nous réjouissons de la révélation du Christ, car Il dépeint Dieu comme un cœur et non comme un génie.

Dieu soit loué pour les grandes pensées, mais mille fois plus, Dieu soit loué pour les bonnes pensées ! Ils alimentent les feux de l'enthousiasme. Ce sont des gouvernails qui nous guident vers le ciel. Ce sont des graines de grandes récoltes de joie. Ils réalisent l'histoire des fées qui, la nuit, pendant que les hommes dormaient, ont comblé des gouffres, construit des palais, tracé des rues et les ont bordées de maisons, construit la ville autour de murs. Car chaque pensée est un bâtisseur, chaque dessein un manoir et chaque affection un charpentier. De même que les bâtisseurs de la cathédrale de Cologne ont été guidés par le plan et le modèle de Von Rile, de même les pensées de l'homme sont construites d'après ce modèle incomparable, Jésus-Christ. Et pendant que nos pensées travaillent, Ses pensées travaillent, ajoutant également de la beauté à la force de l'âme. Dans le conte ancien, l'élève artiste, par lassitude, s'endormit devant le tableau qui le déçoit. Pendant qu'il dormait, son maître entra dans la pièce et, avec quelques touches rapides, corrigea les erreurs et fit ressortir les lignes d'une beauté brillante, allumant un nouvel espoir dans le cœur du garçon. Et il y a des providences inattendues dans la vie, des influences étranges, des interventions et des voix dans la nuit. Ces événements sur lesquels nous n'avons aucun contrôle, ces pensées du Maître d'en haut, ne nous façonnent pas moins que les pensées qui se construisent de l'intérieur. Il semble que non pas un, mais deux travaillent sur la structure de l'âme. Comme un jour, en présence de son maître Michel-Ange, il démonta l'échafaudage de la Chapelle Sixtine, et que les ouvriers enlevèrent les cordes, le plâtre et les détritus, et que les hommes levant les yeux virent les visages des anges et des séraphins, avec leur beauté brillante et immortelle. Ainsi, un jour heureux, cet ange nommé Mort renversera l'échafaudage de la vie et placera pour toujours au soleil cette structure construite de pensées, la demeure majestueuse élevée dans l'esprit, le bâtiment non fait de mains, le caractère éternel dans les cieux.

LES USAGES MORAUX DE LA MÉMOIRE

« Sans mémoire, l'homme est un enfant perpétuel. » — *Locke.*

"La mémoire joue un grand rôle dans le classement des hommes. Quintilien la considérait comme la mesure du génie. Les poètes représentaient les muses comme les filles de la mémoire." — *Emerson.*

"Le souvenir est le seul paradis dont nous ne pouvons pas être chassés."
- *Richter.*

"Une terre de promesse, une terre de mémoire,
Une terre de promesse où coulent le lait
Et le miel de délicieux souvenirs." — *Tennyson.*

"J'ai une pièce dans laquelle personne n'entre sauf moi-même ;
là se trouve un souvenir béni sur un trône.
C'est là que se concentre ma vie." — *C.G. Rosetti.*

VI

LES USAGES MORAUX DE LA MÉMOIRE

L'âme est un monarque dont le règne comprend trois royaumes. Son trône est dans le présent, mais son sceptre s'étend en arrière sur hier et en avant sur demain. La divinité qui préside au passé est la mémoire ; aujourd'hui est gouverné par la raison, demain est sous la régence de l'espérance. À chaque époque, la mémoire a été une déesse impopulaire. Le poète Byron représente cette divinité assise, triste, au milieu de ruines moisies et de feuilles fanées. Mais les orateurs dévoilent l'avenir comme un royaume tropical, magique, mystérieux et d'une richesse incomparable. Le temple où l'on adore l'espérance est toujours bondé ; ses sanctuaires ne sont jamais sans cadeaux de fleurs et de douces chansons.

Mais enfin le jour est venu où l'homme s'aperçoit que le vaste trésor dont l'actuel est devenu héritier a été légué par cet ami appelé hier. L'âme grandit en connaissance et en culture, car à mesure qu'elle traverse les riches champs de la vie, la mémoire cueille le trésor mûr de chaque côté, ne laissant derrière elle aucune gerbe d'or. La philosophie s'oppose donc à cette forme de poésie qui représente hier par la tour qui tombe, la feuille jaune, le soleil couchant. La mémoire est une galerie contenant des images du passé. La mémoire est une bibliothèque détenant la sagesse pour les urgences de demain. La mémoire est une salle de banquet sur les murs de laquelle sont les boucliers des ennemis vaincus. La mémoire est un grenier qui contient du pain pour la faim de demain, des semences pour les semailles de demain. Celui-là seul a un grand lendemain, qui a derrière lui une multitude de grands hiers.

Aristote utilisait la mémoire comme mesure du génie. Il croyait que tout grand homme possédait une grande mémoire dans son propre département. Il était le grand artiste dont l'esprit recherchait et dont la mémoire gardait la beauté de chaque doux enfant, la beauté de chaque jeune fille et mère. C'était le grand scientifique qui se souvenait de tous les faits, n'oubliait aucune exception et regroupait tout sous des lois. Le grand orateur était celui dont la mémoire était prête à fournir toutes les vérités glanées dans les livres et les conversations, les voyages et les expériences, armes avec lesquelles l'orateur affronte ses auditeurs dans une noble cause, les contrôle et les conquiert.

Après avoir traversé le parc Windsor, Doré , l'artiste, a reconnu sa dette envers la mémoire en observant qu'il pouvait se souvenir de chaque arbre qu'il avait croisé et dessiner chaque arbuste de mémoire. Nous devons au génie mécanique de Watt pour la machine à vapeur ; mais, avant de commencer son travail, la faculté inventive a demandé à la mémoire de mettre en avant tous les objets, forces et faits suggérés par et liés à cette bouilloire fumante. Le génie ne peut pas créer sans matériel sur lequel travailler. Il est donné à l'œil, à l'oreille et à la raison pour obtenir les faits ; la mémoire stocke ces trésors jusqu'à ce qu'ils soient nécessaires ; et, en sélectionnant parmi celles-ci, la faculté inventive façonne les choses physiques en outils, les belles choses en images, les idées en philosophies intellectuelles, la morale en systèmes éthiques. L'architecte est impuissant s'il ne se souvient pas où se trouvent les carrières et quelles sont leurs sortes ; où sont les billes et quelles sont leurs couleurs ; où sont les forêts et quels sont leurs arbres.

Ainsi tous les esprits créateurs, depuis Phidias jusqu'à Shakespeare, ont uni la force de la mémoire à la fécondité de l'invention. De même que la tapisserie des Gobelins, représentant le siège de Troie, est tissée à partir de myriades de fils teintés, chaque Hamlet et chaque « In Memoriam » sont une texture intellectuelle tissée à partir d'idées et d'aspirations fournies par la mémoire. En effet, sans cette faculté, il ne pourrait y avoir de connaissance ni de culture. Détruisez la mémoire et l'homme resterait un enfant perpétuel. Parce que l'esprit porte en avant chaque nouvelle idée et expérience, il arrive un jour où le jeune se révèle maître dans le métier ou la profession qu'il a choisi. C'est la mémoire qui unifie la vie et la pensée de l'homme et qui lie toutes ses expériences en un seul paquet.

Dans un sens large, la civilisation elle-même est une sorte de mémoire raciale. En remontant vers l'aube de l'histoire, nous arrivons à une époque où l'homme se présentait comme un sauvage, sa maison une grotte, ses vêtements une ceinture de cuir, sa nourriture des sauterelles et des baies. Mais aujourd'hui, il est entouré de chez lui, de livres et d'images, de métiers à tisser, de trains et de bateaux. Hier, c'était l'ami qui a donné à l'homme tout ce riche trésor. Nous arrachons les grappes des vignes plantées par d'autres générations. Nous voyageons dans des trains et des bateaux inventés par d'autres penseurs. Nous admirons des tableaux et des statues peintes et sculptées par d'autres mains. Notre bonheur réside dans les lois et les institutions pour lesquelles d'autres multitudes sont mortes. Nous chantons des chansons que le passé a écrites et parlons une langue que des générations mortes depuis longtemps ont façonnée.

Lorsque de Tocqueville visita notre pays, il voyagea vers l'ouest jusqu'à se trouver à la frontière même de la civilisation. Devant lui s'étendaient les forêts et les prairies, s'étendant sur des milliers de kilomètres vers le soleil couchant. Mais ce qui l'a le plus impressionné était la civilisation qui se trouvait derrière lui, s'étendant jusqu'à l'Atlantique – une civilisation comprenant des villes et des villages, avec des institutions gratuites, avec des écoles, des églises et des bibliothèques. Avec joie, il réfléchit que les récoltes mentales et morales derrière lui étaient suffisantes pour semer de trésors la vaste terre inconquise.

Ainsi, chaque aujourd'hui est une ligne frontière sur laquelle se tient l'âme. C'est la nécessité de la vie pour l'homme de voyager en arrière dans le passé pour trouver de la nourriture et des semences avec lesquelles semer un avenir invaincu. Pour chaque individu, c'est hier que se déroulent les débuts de l'art et de l'architecture. Hier marque le début de la réforme et de la philanthropie. Hier contient la montée et la victoire de la liberté. Hier se tient la première salle de classe, le collège et la bibliothèque. Hier tient la croix et toutes ses victoires sur l'ignorance et le péché. Hier, c'est un fleuve qui déverse ses riches crues , conférant majesté et élan à toutes les entreprises humaines. Hier est un temple dont les hauts dômes, les larges murs et les autels flamboyants ont été bâtis par d'autres mains et d'autres cœurs. Pour l'individu, la mémoire est un grenier à trésors mentaux ; et, pour la race, la civilisation est une sorte de mémoire sociale.

Considérez la tâche confiée à la mémoire. L'activité et la fécondité de l'esprit humain sont incommensurables. La raison ne tisse pas tant les pensées qu'elle les exhale. Les objets défilent en caravanes à travers la porte des yeux et la porte des oreilles, chacune provoquant son propre cheminement de pensée. Et les processus inconscients de l'esprit sont encore plus nombreux. Les chants silencieux qu'entend le génie, les tableaux invisibles que le génie peint, les châteaux cachés que le génie construit — aucune construction d'une ville extérieure ne peut se comparer en termes d'émerveillement, de beauté et de richesse aux processus de construction de l'âme intérieure. Si un journaliste angélique pouvait réduire toutes les pensées de l'homme à un volume physique, combien le livre serait vaste ! Les pensées ne vont pas seules, mais marchent en armées. Les sentiments et les aspirations se déplacent comme des troupeaux de chanteurs. Les désirs jaillissent de l'âme comme les abeilles d'une ruche. L'âme est une ville par les portes de laquelle défilent d'innombrables caravanes, portant des trésors à l'intérieur et emportant des trésors à l'extérieur. Aucun Great Eastern n'a jamais transporté une cargaison comparable en termes d'immensité et de richesse à ce voyage en avant dans l'esprit.

Or, la puissance et l'habileté de Dieu ne sont nulle part plus manifestes que là. Il a doté l'esprit de tout le pouvoir de réaliser toutes ses joies, ses amitiés et ses victoires. Il est donné à l'homme de parcourir en un seul été le chemin qu'a emprunté la race humaine. Pour le bonheur et la culture, le voyageur s'attarde près de Runnymede ou de Marston Moor ; séjourne au château ou à la cathédrale, reste longtemps en galerie ou au musée. C'est la nécessité de son corps pour le voyageur de laisser la montagne derrière lui lorsqu'il revient à la ville de la plaine. Mais c'est le privilège de l'esprit de s'emparer de ces images et de ces scènes et de les emporter comme autant de trésors rendus portables par la mémoire. Par un processus secret, les montagnes, les vallées et les palais sont réduits en taille, photographiés et rangés, prêts à être agrandis aux proportions originales.

Nous avons déjà entendu parler de l'inventeur qui a conçu un moteur qui posait sa chenille et la reprenait tout en avançant. Mais ce rêve mécanique se réalise littéralement dans la mémoire. Devenu vieux et aveugle, chaque Milton peut passer devant son esprit tout le panorama du passé, pour trouver les événements de l'enfance plus utiles à la mémoire qu'ils ne l'étaient dans la réalité. En regardant en arrière, Longfellow pensait que les chemins de l'enfance avaient perdu leur aspérité ; chaque chemin était bordé de fleurs ; de douces chansons résonnaient dans l'air ; la vieille demeure était plus belle que les palais du roi qui s'étaient ouverts au contact de sa virilité.

De même, Dante, battu par la tempête, harcelé, las de l'égoïsme, voyagea et voyagea dans cette terre étrangère qu'il appelait « la jeunesse ». Là, il s'est caché jusqu'à ce que les tempêtes soient passées. Pour lui, la mémoire contenait tant de choses brillantes et belles qu'elle devenait pour lui un portefeuille de gravures, une galerie de tableaux, un palais composé de nombreuses chambres. Cachés à l'intérieur, les troubles de la terre devenaient aussi inoffensifs que la grêle et la neige sur les toits de tuiles des châteaux. Les hommes se demandent souvent comment les hommes d'État, les généraux et les réformateurs, opprimés au-delà de toute endurance, ont supporté leurs fardeaux. C'est leur secret : ils se sont abrités dans le passé, ont trouvé des remèdes dans leur mémoire, se sont baignés dans des scènes d'autrefois qui ont rafraîchi et nettoyé les saletés de la vie. Du froid de l'inimitié arctique, il est donné à l'âme, à travers la mémoire, de s'élever au-dessus de la tempête et du froid et d'entrer en un instant dans l'atmosphère tropicale de la noble amitié, où se trouvent le parfum et la beauté, la chaleur et la richesse perpétuelles.

C'était un principe favori de Socrate que l'homme inférieur ne comprend jamais la force latente de sa raison ou de son imagination jusqu'à ce qu'il soit témoin de son habileté chez le plus grand. Il laisse entendre que l'éloquence, l'art et l'habileté qui couronnent les enfants du génie existent sous une forme rudimentaire chez tous les hommes. Afin donc de comprendre la mémoire dans ses processus ordinaires, considérons ses fonctions chez ceux chez qui elle est unique. Heureusement, les érudits de toutes les époques ont préservé des faits importants concernant le pouvoir de la mémorisation. Les orateurs classiques contiennent des références répétées à des chanteurs itinérants, capables de réciter l'intégralité de l'Iliade et de l'Odyssée. Dans ses "Déclamations", parlant des incursions que la maladie avait faites sur lui, Sénèque remarque qu'il pouvait prononcer deux mille mots et noms dans l'ordre qu'on lui lisait, et qu'un matin il écouta lire deux cents vers de poésie, et l'après-midi les récita dans leur ordre et sans erreur.

Muretus remarque que les histoires de la mémoire de Sénèque lui semblaient presque incroyables, jusqu'à ce qu'il soit témoin d'un événement encore plus merveilleux. Le résumé de sa déclaration est qu'à Padoue vivait un jeune Corse, brillant et distingué étudiant en droit civil. Ayant entendu parler de sa merveilleuse faculté de mémoire, un groupe de messieurs lui demanda une démonstration de sa puissance. Six nobles vénitiens étaient juges, bien qu'il y ait eu de nombreux autres témoins de l'exploit. Muretus dictait des mots, latins, grecs, barbares, déconnectés et connectés, jusqu'à ce qu'il se lasse, lui et l'homme qui les écrivait, et le public présent. Ensuite, le jeune homme répéta toute la liste de mots dans le même ordre, puis à rebours, puis un mot sur deux, puis un mot sur cinq, etc., et tout cela sans erreur.

Sir William Hamilton dit que le bibliothécaire du grand-duc de Toscane lisait chaque livre et brochure de la bibliothèque de son maître et prenait une photographie mentale de chaque page. Lorsqu'on lui demandait où se trouvait un certain passage, il nommait l'alcôve, l'étagère, le livre, la page contenant le passage en question. Scaliger, l'érudit, qui a été appelé l'homme le plus érudit qui ait jamais vécu, a mémorisé l'Iliade en trois semaines et a maîtrisé tous les poètes grecs en quatre mois. Ben Jonson pouvait répéter tout ce qu'il avait écrit et de nombreux volumes qu'il avait lus, tout comme Niebuhr, l'historien. Macaulay croyait qu'il n'avait jamais oublié quoi que ce soit de ce qu'il avait lu, vu ou pensé. Coleridge raconte l'histoire d'un domestique ignorant qui, dans des moments d'inconscience à cause de la fièvre, récitait des passages en grec et en hébreu. L'explication était que le domestique appartenait depuis longtemps à la famille d'un vieux ecclésiastique dont l'habitude était de lire à haute voix la Bible dans les originaux.

Les médecins ont constaté des cas où un étranger arrivant dans ce pays à l'âge de quatre ou cinq ans avait complètement oublié sa langue maternelle. Devenu vieux et grisonnant, dans des moments d'inconscience à cause de la fièvre, le vieil homme a parlé dans la langue oubliée de l'enfance. Nos meilleurs étudiants en philosophie mentale croient qu'aucune pensée ou sentiment, aucune inimitié ou aspiration n'est jamais oubliée. Les sentiments écrits sur l'argile durcissent en granit. Les souvenirs endormis ne sont pas morts. D'un simple contact, ils retrouvent leur puissance et leur vigueur d'antan. La science nous dit que le vol d'un oiseau, la chute d'une feuille, le rire d'un enfant, la vibration d'un chant changent l'univers tout entier. Le garçon qui déplace une pierre d'un arbre à un autre modifie le centre de gravité de la terre. Et si les mouvements des feuilles mortes et des pierres sont des événements immuables inscrits dans la nature, combien plus encore sont les espoirs et les pensées vivantes. L'âme est plus sensible que le thermomètre, plus délicate que le baromètre, et tous ses processus sont enregistrés. Les pensées sont des événements qui tachent l'esprit de couleurs vives. Si l'homme le savait, aucun événement ne passe à travers les filets de la mémoire.

Cela nous aide à comprendre l'immortalité de la mémoire en remarquant les dispositions prises dans la nature pour révéler des faits et des forces cachés. Aujourd'hui, la chimie nous montre comment les événements accomplis dans les ténèbres doivent être révélés dans la lumière et les actes du placard proclamés sur le toit de la maison. Autrefois, les princes communiquaient entre eux par des messagers. Il fallait alors se prémunir contre que la dépêche ne tombe entre les mains de l'ennemi, aussi entre les lignes du message apparent se trouvait une dépêche tracée en lettres incolores comme l'eau. Mais lorsque le drap fut tenu devant le feu ardent, l'écriture secrète apparut. Ainsi, dans le royaume de l'âme, la nature a prévu de faire surgir des événements du passé. Sous l'effet d'une stimulation, la mémoire réalise les exploits les plus étonnants. L'excitation est un feu qui fait ressortir avec clarté les sombres annales.

Un éminent avocat d'une ville de l'Est raconte que, alors qu'il était engagé dans un débat dont dépendaient de vastes questions , il s'est soudain rendu compte qu'il avait oublié de garder un point très important. Dans cette heure d'excitation, ses facultés furent grandement stimulées. Des décisions, des autorités et des précédents oubliés depuis longtemps ont commencé à lui revenir à l'esprit. D'abord vaguement esquissés, ils devinrent peu à peu clairs, jusqu'à ce qu'enfin il les lut avec une parfaite distinction. M. Beecher a vécu une expérience similaire lorsqu'il a affronté la foule à Liverpool. Il a dit que tous les événements, arguments et appels qu'il avait jamais entendus, lus ou écrits passaient devant son esprit comme des armes oratoires, et se tenant là, il n'avait qu'à tendre la main et à saisir les armes alors qu'elles fumaient. Tous les hommes publics ont vécu des expériences similaires – en témoignent les témoignages de Pitt, Burke et Wendell Phillips. Mais quel événement a un tel pouvoir pour restaurer les archives de la mémoire que cette excitation secrète lorsque l'âme est comme un ambassadeur revenant d'une mission étrangère pour se présenter devant le trône de Dieu ? Ainsi, en donnant son récit, quel stimulus sacré retombera sur la mémoire !

À toutes les époques, les poètes et les philosophes ont fait grand cas des associations en tant que restaurateurs de souvenirs obscurs. Porter raconte l'histoire d'un dîner au cours duquel une référence à Benedict Arnold a été immédiatement suivie par quelqu'un lui demandant la valeur du denier romain. La réflexion montre que la question était directement suggérée par le sujet en discussion. Benedict Arnold a suggéré Judas Iscariot et les trente pièces d'argent qui lui ont été données, et donc la valeur de la pièce qu'il a reçue en récompense. De même, il existe une tradition selon laquelle le visage de Pierre était assombri par le chagrin chaque fois qu'il entendait le chant d'un coq. Bulwer Lytton représente Eugene Aram comme étant à peine capable de retenir un cri d'agonie lorsqu'un ami arrivait par hasard près de l'endroit où, dans une haine meurtrière , il avait porté un coup fatal.

Ainsi, aucun péché n'est jamais enterré, sauf comme un meurtrier enterre sa victime sous une couche de sable fin. Mais laissez-le passer par là, et un bras squelette se lève et désigne le ciel et le malfaiteur. Le philosophe affirme que « la mémoire du passé ne peut jamais périr tant que l'arbre, la rivière ou la mer » auxquels la sombre mémoire est associée n'ont pas disparu. Ainsi, la loi de l'association travaille toujours à ramener l'horrible fantôme, à glacer le sang et à brûler le cerveau. Rien n'est jamais oublié. Un toucher, une vue, un son, le murmure du ruisseau, le son d'une cloche lointaine, l'aboiement d'un chien dans le soir calme, le chemin vert dans la forêt avec le soleil qui scintille dessus, le chemin de la lune. sur les eaux, le chandelier de l'évêque pour Jean Valjean, le décès d'un forçat pour le doyen Maitland, la goutte de sang pour Donatello, tout cela peut, par les événements qui y sont associés, transformer le cœur en pierre et remplir la vie d'un silence muet. agonie du remords.

Par ailleurs, Shakespeare indique combien la conscience, dans ses aspects magistraux, a le don de faire revivre des actes oubliés. Dans le laboratoire, les scientifiques prennent deux verres contenant chacun un liquide incolore comme l'eau et les versent ensemble, quand voilà ! ils s'unissent et forment une substance plus noire que l'encre la plus noire. De même que le bain chimique fait ressortir l'image latente dans la plaque photographique, de même, dans ses humeurs supérieures, des événements à moitié rappelés et à moitié oubliés se transforment en un souvenir parfait. L'histoire nous parle du despote oriental qui, dans une heure de réjouissance, ordonna à son majordome de tuer un prophète qu'il avait emprisonné et de faire monter la tête pâle sur un destrier. Longtemps après, vint un jour où, assis dans l'isolement de son palais, un soldat raconta à ceux qui étaient autour de la table du banquet l'histoire d'un faiseur de miracles qu'il avait vu au cours de son voyage. Alors que les convives se demandaient qui était cet homme, tout à coup le roi se leva, pâle et tremblant, et cria. "Je sais ! C'est Jean-Baptiste que j'ai décapité ; il est ressuscité d'entre les morts !"

Cette histoire ancienne nous raconte que les souvenirs endormis ne sont pas morts, mais sont comme des serpents en hibernation qui, avec chaleur, lèvent la tête pour frapper. Cela correspond, comme nous l'avons dit, à l'histoire ancienne de l'homme tâtonnant le long du mur jusqu'à ce que ses doigts heurtent un ressort caché, lorsque la porte cachée s'ouvrit brusquement et révéla le squelette caché. Cela nous dit que beaucoup de choses peuvent être oubliées dans le sens d'être perdues, mais rien n'est oublié dans le sens où cela ne peut être rappelé. Chaque pensée que l'esprit pense avance dans son caractère, même si des aliments oubliés depuis longtemps se manifestent en chair et en os. La mémoire est une toile au-dessus et l'homme travaille en dessous. Chaque faculté est un pinceau avec lequel l'homme dessine son portrait. Ici et maintenant, trompé par le chant des sirènes, chaque Macbeth se croit meilleur qu'il ne l'est. Mais vient enfin le moment où la mémoire nettoie le portrait et fait ressortir son visage ineffaçable en pleine révélation.

Mais la mémoire a aussi des aspects gracieux et très inspirants. « J'ai bien vécu hier, dit le poète ; "Laissons demain faire le pire." A ce sentiment, l'homme d'État ajoutait : « J'ai fait ce que j'ai pu pour mes semblables, et mes souvenirs sont plus précieux que l'or et les perles. Ainsi, tous ceux qui ont aimé la sagesse et la bonté trouveront leurs trésors en sécurité dans les soins de la mémoire. Peut-être que certaines choses précieuses périssent dans la vie. La mélodie qui tremble sur les accords après le chant de la chanson s'enfonce dans le silence. La lumière qui persiste dans les nuages une fois la journée terminée s'éteint enfin dans l'obscurité. Mais comme l'âme est consciemment immortelle par la personnalité, elle possède une immortalité inconsciente par son outil ou son enseignement, par son exemple ou son influence. Le temps ne sert pas à détruire. Dieu et l'âme n'oublient jamais.

La sagesse vient à tous les jeunes cœurs qui n'ont pas encore de passé, aux pieds desquels coule le courant de la vie, attendant de les porter vers l'avenir, et leur demande de réfléchir que la maturité, pleine de succès, n'est que le lieu où les marées de la jeunesse ont vidé leurs riches trésors. Celui dont l'hier est plein d'industrie et d'ambition, plein de livres, de conversations et de culture, trouvera son lendemain plein de valeur, de bonheur et d'amitié. Mais celui qui ne donne à sa mémoire aucun trésor à amasser, verra ses espoirs n'être que le mirage dans le désert, où les sables brûlants prennent l'aspect de lac et de rivière. La sagesse vient aussi à ceux qui, dans leur maturité, réalisent que le lendemain est voilé d'incertitude et que leur tombeau n'est pas loin. Cela leur fait réfléchir que leurs hiers sont en sécurité, que rien n'est oublié ; qu'aucun acte digne n'est tombé hors de la vie ; qu'hier est un refuge contre les conflits, l'anxiété et la peur.

Au patriote et au parent, au réformateur et à l'enseignant, vient la pensée inspirante que Dieu garde dans sa mémoire chaque acte utile. Aucune bonne influence n'est perdue dans la vie. David et Dante sont-ils morts ? Tennyson et Milton ne sont-ils pas mille fois plus vivants aujourd'hui que lorsqu'ils parcouraient cette terre ? La mort ne fait que multiplier la voix unique et la renforcer. Dieu fait en sorte que chaque vie accomplisse la légende du voyageur grec qui, portant chez lui un sac de maïs, était affligé parce que certains avaient été perdus à travers un petit trou ; mais, des années plus tard, fuyant devant ses ennemis par ce chemin, il découvrit que la graine avait germé et s'était multipliée en récoltes pour sa faim. Ainsi hier nourrit dans chaque cœur de pèlerin la foi que la bonté triomphera. Car la mémoire qui est petite chez l'homme est grande en Dieu. L'Infini n'oublie rien sauf la fragilité humaine et le péché. Se souvenant du grand esprit, de la langue éloquente, de la grande bourse, Dieu se souvient aussi de la coupe d'eau froide et fait suivre l'acte le plus humble jusqu'aux rivages célestes.

- 64 -

——————————————

L'IMAGINATION COMME ARCHITECTE DE LA VIRILITÉ

« L'imagination gouverne le monde. » — *Napoléon*.

"L'imagination est le secret et la moelle même de la civilisation. C'est l'œil même de la foi. L'âme sans imagination est ce que serait un observatoire sans télescope." - *Beecher*.

« Dans de telles natures, l'imagination semble s'élever comme une cathédrale gothique au-dessus d'une crypte prodigieusement solide du sens commun, de sorte que sa légèreté repose en sécurité sur la conscience d'une base immuable. » — *Lowell*.

"La raison de l'homme est dominée par l'imagination. Il pleut de riches trésors pour féconder l'âme stérile." - *Anon*.

« C'est par la foi qu'Abraham partit, ne sachant où il allait. » — *Hébreux*.

VII

L'IMAGINATION COMME ARCHITECTE DE LA VIRILITÉ

Selon quelque critère que ce soit, Moïse était le seul homme colossal de l'Antiquité. On peut douter que la nature ait jamais produit un esprit plus grand. Quand on considère que le droit, le gouvernement et l'éducation sont nés dans son seul cerveau ; quand on se souvient que les républiques d'aujourd'hui reposent sur des fondations élevées par ce juriste du désert ; quand nous rappelons son talent poétique et littéraire, Moïse se présente revêtu des proportions et de la grandeur d'un génie qui comprend tout. Son intellect semble d'autant plus titanesque en raison des obstacles et des contrastes romantiques de sa carrière. Il naquit dans la cabane d'un esclave, mais son génie s'enflamma si brillamment qu'il gagna l'approbation des grands et passa rapidement du marché aux esclaves à la splendeur du palais du Pharaon.

Heureusement, sa jeunesse n'a pas été sans les raffinements et les réalisations des écoles. Car alors l'Égypte était le seul point rayonnant sur la terre. À une époque où la Grèce était un repaire de voleurs et où Rome était inconnue, Memphis était glorieusement attirante. Des écoles d'art et de sciences se trouvaient sur les rives du Nil. De Thèbes, Pythagore apporta les mathématiques en Grèce. De Memphis Solon tirait ses sages préceptes politiques. A Louxor, l'architecture et la sculpture prennent leur essor. Dans le royaume de Cléopâtre, des hommes ont volé les obélisques qui se trouvent actuellement à New York et à Londres. Les opportunités de Moïse étaient pleinement égalées par son énergie et son ambition d'exceller. Même dans sa jeunesse, il devait être réputé pour son génie administratif.

Mais sa grandeur morale dépassait sa mentalité. Lorsque les événements l'obligèrent à choisir entre le luxe de la cour et l'amour de son propre peuple, il n'hésita pas, car il était en tout point un héros. Dans cette crise, il abandonna le palais, s'allia à ses frères esclaves et partit en exil dans le désert. Aucun événement ne pouvait non plus être plus dramatique que la manière dont il retournait au palais de Pharaon. À lui seul, il entreprend l'émancipation d'une nation. Nos dirigeants, grâce à de vastes armées, ont obtenu la liberté de nos esclaves ; ce soldat, à lui seul, a libéré trois millions de serfs. D'autres généraux, avec des canons, ont pris des châteaux ; cet homme a abattu des châteaux à coups de poings nus. Et quand il eut obtenu la liberté de son peuple, il le conduisit dans le désert et enseigna aux esclaves grossiers et serviles les principes du droit, de la liberté et du gouvernement. Sous sa direction, la foule est devenue une armée ; les esclaves devinrent patriotes et citoyens ; les sauvages étaient revêtus de coutumes et d'institutions. Son esprit est devenu une université pour des millions de personnes. Et depuis ce jour jusqu'à présent, les colonnes de la société ont suivi le nom de Moïse, comme autrefois les pèlerins suivaient la colonne de nuée le jour et la colonne de feu la nuit. L'historique des noms plus grands ne tient pas, sauf le nom qui se trouve au-dessus de chaque nom.

Les sages se demanderont : où se cachait le pouvoir de cet homme ? D'où lui venait sa force herculéenne ? Moïse était le père d'une race de géants. Il était le représentant des hommes courageux de tous les temps, qui ont posé des fondations sur lesquelles d'autres ont bâti ; il était le prototype des nobles chefs qui ont répandu partout les graines de la civilisation et laissé les autres récolter les récoltes ; il fut le précurseur d'innombrables réformateurs et inventeurs, à qui il ne fut jamais donné d'accéder au fruit de leurs travaux ; des soldats et des héros qui ont péri sur l'échafaud pour que d'autres puissent s'émanciper ; d'hommes comme Huss et Cranmer, dont le renversement et la défaite ont ouvert la voie aux victoires des autres. En mourant, aucun autre homme n'a laissé derrière lui des influences qui ont agi avec autant de puissance et de manière aussi continue à travers les siècles. Mais lorsque nous recherchons les sources de sa puissance, nous sommes étonnés de son secret. On nous dit qu'il a enduré ses énormes fardeaux et a réalisé l'impossible grâce à la vue de l'invisible. Le sentiment d'une victoire future le soutenait dans la défaite présente. Grâce à la bonne utilisation de la faculté de vision , il a conquis.

L'imagination était le télescope avec lequel il voyait de loin la victoire. L'imagination était l'outil avec lequel il creusait et exploitait ses fondations. L'imagination était le château et la tour sous lesquels il trouvait refuge contre les tempêtes, les attaques et les afflictions de la vie. Aucune aile n'a jamais eu une telle puissance de levage, aucune source n'a jamais eu une telle marée pour apaiser la soif. Il supportait les sauvages, parce qu'il voyait de loin les esclaves revêtus des qualités des patriotes. Il a enduré le désert, parce que son imagination lui révélait une terre fertile où coulent le lait et le miel. Il a survécu à l'anarchie parce qu'il prévoyait le jour de la loi et de la liberté. Il supportait le poids de soucis, de découragements et de responsabilités assez lourdes pour écraser une vingtaine d'hommes, parce qu'il prévoyait le jour du triomphe final. Autrefois, lorsque ce héros légendaire était au cœur de son combat contre ses ennemis, un ami invisible planait au-dessus du guerrier, lui tendant lance et épée selon ses besoins. Ainsi, l'imagination du grand juriste s'est étendue jusqu'à l'armurerie céleste et a déniché les armes dont le héros avait besoin.

Notre démarche intellectuelle sera plus ferme si nous définissons l'imagination et considérons ses usages. L'âme est une ville ; et les sens extérieurs sont des portes par lesquelles passent toutes les caravanes de vérité et de beauté. Par la porte des yeux, tous les visages, villes et paysages passent.

Tous les sons doux passent par la porte auriculaire. Mais lorsque les réalités de la terre, de la mer et du ciel se sont présentées à l'âme, la raison balaye ces récoltes intellectuelles dans le grenier de la mémoire pour les semailles futures. Mais ces récoltes doivent être arrangées. En Orient, le marchand qui tient un magasin général place les épées et les lances sur une seule étagère ; les tapisseries et les tapis les uns sur les autres ; les livres et manuscrits sur un tiers ; et chaque chose a sa propre étagère et son tiroir. Donc le jugement intervient pour trier les connaissances, et met les choses utiles sur une étagère intellectuelle, les choses belles sur une autre étagère, et met à part les choses vraies par elles-mêmes.

Ensuite, lorsque le serviteur appelé raison a accumulé les matériaux, lorsque la mémoire s'en est occupée et que le jugement a tout classé, alors l'imagination constructive entre en jeu pour créer de nouveaux objets. Travaillant le fer et l'acier, l'imagination de Watt organise un moteur ; travaillant au milieu des belles couleurs, l'imagination peint des tableaux ; travaillant le marbre, il sculpte des statues ; travaillant le bois et la pierre, il élève des cathédrales ; travaillant dans le son, il crée des symphonies ; en travaillant avec des idées, il façonne des systèmes intellectuels ; travaillant en morale, il construit des principes éthiques ; travaillant vers l'immortalité, il invite tous les ruisseaux rafraîchissants, les arbres fruitiers, les sons doux, toutes les nobles amitiés, à se rapporter au-delà de la tombe. Car la foi elle-même n'est que l'imagination alliée à la confiance que Dieu est capable de réaliser les idéaux les plus élevés de l'homme. L'imagination est donc un prophète. C'est un voyant pour l'âme. Il travaille comme artiste, architecte et créateur. Il sème des problèmes difficiles sous forme de graines, élève ces germes dans les arbres et en récolte les fruits mûrs. Il remporte la victoire avant que les batailles ne soient livrées. Sans cela, la civilisation serait impossible. Ce que nous appelons le progrès n'est que la société qui suit et réalise les visions, les plans et les modèles de l'imagination.

Aujourd'hui, notre époque occupée et bouillonnante a tendance à sous-estimer l'imagination. Les hommes ergotent sur la construction du château. Le pragmatique se moque des rêveries. Les hommes croient aux magasins et aux marchandises qui s'y trouvent ; dans les usines et la richesse grâce à elles ; les hommes croient aux maisons et aux chevaux, mais pas aux idéaux. Néanmoins, les pensées et les rêves sont la matière à partir de laquelle les villes sont construites . On a beau mépriser le rêveur silencieux, il apparaît en dernière analyse comme le véritable architecte des États ! Incommensurable le pouvoir pratique de la faculté de vision ! Les héros d'hier ont tous été soutenus, non pas par des épées et des fusils, mais par la vue de l'invisible !

Voici le vieux héros dans son cachot à Florence. Alors qu'il somnolait, la veille de son brûlage, le geôlier vit un sourire rare et doux sur son visage. "Qu'est-ce que c'est?" » a demandé le garde. "J'entends le bruit des chaînes qui tombent, et leur bruit est comme une douce musique dans mes oreilles." Puis, le visage souriant, il se rendit au martyre. Et voici Michel-Ange. Devenu vieux et aveugle, il pénètre à tâtons dans la galerie du Vatican, où, le visage levé, ses doigts tâtent le torse de Phidias. S'attardant près de lui, le cardinal Farnèse entendit un jour le vieux sculpteur dire : « Grand est ce marbre ; plus grand encore la main qui l'a sculpté ; le plus grand de tous, le Dieu qui a façonné le sculpteur. J'apprends encore ! J'apprends encore ! Et lui aussi a avancé, porté par sa vision de la beauté parfaite.

Et voici Jean Huss, regardant entre les barreaux de fer de sa prison une armée de piques et de lances, massée devant sa prison ; mais le martyr a enduré son danger en prévoyant le jour où les épées alors brandies pour réprimer la liberté de pensée éclateraient pour son émancipation. Et voici Walter Scott ruiné par l'échec de ses éditeurs, juste à l'heure où la nature murmurait qu'il avait rempli sa tâche et mérité son répit. Mais il se ceignit de nouveau pour la bataille et supporta sa lourde perte en prévoyant l'heure où la dernière dette serait payée et où son nom retrouverait un nom sans tache. Et voici ce jeune Emerson, regardant un monde plein de bruit et de conflits, plein de cris d'esclaves et de guerres de fanatiques. Il était soutenu par la prévision du jour où Dieu insufflerait la paix sur toute la scène. Avec un espoir brillant sur son visage, il commença à « abattre les idoles des hommes avec un tel respect que cela ressemblait à un acte d'adoration ». Et que dirons-nous de plus ? Par la vue de l'invisible, Dante supportait son échafaud ; les héros, chassés comme des perdrix sur les montagnes, supportaient leurs grottes et le froid de l'hiver ; les martyrs ont enduré le fléau et le pédé. À chaque époque, les grands, grâce à la vue de l'invisible, ont été élevés dans les royaumes de la tranquillité . Extérieurement, il y avait peut-être le rugissement et le grondement des armes à feu, mais intérieurement les hommes étaient des luths avec des harpes chantantes. De même que le maître de maison assis près de son foyer flamboyant ne pense pas à la neige fondue et à la grêle tombant sur le toit d'ardoise, de même l'âme demeure en paix sur le château qui a été élevé et à l'abri de la présence de Dieu.

Quelle place importante l'imagination occupe-t-elle dans le domaine de la science et de l'invention ! La raison elle-même n'est qu'un sous-serviteur. Il n'a aucune compétence créative. La mémoire ne fait aucune découverte. Mais l'imagination fait des miracles. Un jour, tombant par hasard sur un gros os de mammouth dans la Forêt-Noire, Oken , le naturaliste allemand, s'est exclamé : "C'est une partie de la colonne vertébrale." Les yeux du savant ne voyaient qu'une seule des vertèbres , mais à cet os son imagination ajoutait une structure, un membre et une tête, puis revêtait le squelette de peau et voyait le géant des animaux se déplacer à travers la forêt. À cette époque, l'imagination a opéré une révolution dans la science de l'anatomie. De même, cette faculté créatrice de Göethe a donné à la botanique une nouvelle base scientifique. Assis un jour sur son siège préféré près du château d'Heidelberg, le grand poète cueillait en morceaux une feuille de chêne. Soudain, son imagination transforma la feuille. Sous son contact, la tige centrale se souleva et devint le tronc de l'arbre ; les nervures de la feuille s'étendirent et devinrent des rameaux et des branches ; chaque filament est devenu une feuille et une gerbe ; l'imagination révélait chaque pétale, chaque étamine et chaque pistil, comme d'après le type de feuille, et donnait une nouvelle philosophie à la science des herbes et des arbustes. Lorsqu'un pistachier à Paris avec seulement des fleurs femelles a soudainement donné des noix, l'esprit d'un scientifique a suggéré qu'un autre homme riche avait importé un arbre avec des fleurs mâles, et une recherche minutieuse a révélé que cet arbre était à des kilomètres de là.

Et dans chaque département scientifique, cette faculté comble les gouffres entre les vérités découvertes. Même la découverte de Newton était le don de l'imagination. Lorsque les yeux du scientifique ont vu la pomme tomber , c'est sa faculté de vision qui a bondi à travers l'espace et a vu la lune tomber. Lorsque les alizés d'ouest, soufflant depuis des semaines, eurent jeté le bois flotté sur les côtes espagnoles, les yeux de Colomb tombèrent non seulement sur l'étrange bois mais aussi sur un caillou pris dans la crevasse. Mais son imagination sauta du caillou au continent occidental dont la pierre faisait partie, et de l'arbre à la forêt dans laquelle elle poussait.

Cette faculté a réalisé un travail similaire dans le domaine de la mécanique. Watt nous dit que son moteur fonctionnait dans son esprit des années avant qu'il ne fonctionne dans son atelier. Dans sa biographie, Milton reconnaît la beauté des arbres et des fleurs qu'il a cueillis dans les paysages et les jardins de la Terre, mais dans son « Paradis perdu », son imagination a vu un Eden plus beau que n'importe quelle scène jamais trouvée sur terre. Napoléon croyait que chaque bataille était gagnée par l'imagination. Pendant que ses soldats dormaient, le grand Corse rassembla ses troupes, les lança contre l'ennemi et remporta la victoire dans son esprit la veille de la bataille. Même un orateur comme Webster doit être décrit comme quelqu'un qui voit son argument dans l'air avant de l'écrire sur la page, tout comme Haendel pensait entendre la musique tomber du ciel plus rapidement que sa main ne pouvait fixer les notes sur les mesures musicales. . Ainsi, chaque nouvel outil et chaque nouvelle image, chaque nouveau temple, chaque nouvelle loi ou réforme, ont été un cadeau de l'imagination fait à l'homme.

Le cas n'a pas non plus été différent pour les hommes issus des milieux les plus modestes. Des multitudes sont condamnées à fouiller et à creuser. Les trois quarts de la race vivent au bord de la pauvreté. Les énergies de la plupart des hommes sont consommées pour répondre aux besoins du corps. Il est donné à la multitude de descendre dans la mine de charbon avant le lever du jour, pour n'en ressortir que lorsque la nuit est tombée. D'autres multitudes travaillent dur dans la forge ou s'occupent du métier à tisser. La division du travail a fermé de nombreuses voies vers le bonheur et la culture. Il fut un temps où le cordonnier du village était avant tout un citoyen et accessoirement un cordonnier. Autrefois , en Nouvelle-Angleterre, le cordonnier possédait son jardin et connaissait le verger ; possédait son cheval et connaissait le soin des animaux; avait ses devoirs particuliers en relation avec l'école et l'église et, par conséquent, était un étudiant de toutes les questions publiques. Mais entretenir une machine qui décroche des punaises, des cabines et confine l'âme. L'homme qui commence comme citoyen termine comme appendice d'une roue. La vie de beaucoup devient une existence sur tapis roulant. Année après année, ils s'occupent du fuseau. Aujourd'hui, cette corvée de la vie moderne menace le bonheur et la virilité. C'est pourquoi il a été ordonné que pendant que la main creuse, l'esprit puisse s'élever.

Pendant que les mains d'Henry Clay binaient le maïs dans ce champ du Kentucky, le jeune orateur se tenait, grâce à son imagination, dans les couloirs du Congrès. Quels discours il a écrit ! Quels arguments il a façonnés ! Chaque fois que sa houe coupait une mauvaise herbe, son esprit, avec un argument, terrassait un adversaire. Jamais il n'y a eu d'outil pour biner le maïs comme l'imagination ! Christine Nilsson raconte qu'elle travaillait autrefois comme bouquetière lors des foires de campagne en Suède. Mais tout le temps qu'elle fouillait, elle rêvait, et par ses rêves mêmes, elle se préparait au jour où elle charmerait de vastes auditoires avec une musique céleste. Quelles batailles les laboureurs ont livrées en rêve ! Quels discours ils ont prononcés ! Quelles réformes ils ont réalisées ! Quels outils inventés ! Quels livres écrits ! Quelle affaire ! Ainsi l'imagination raccourcit les heures de travail et adoucit le labeur. Pendant que le corps se fatigue, l'âme s'envole et chante.

Ce jeune étranger nouvellement arrivé dans notre ville creuse avec sa bêche, mais son imagination monte dans le domaine de l'invisible. Il supporte le fossé et la bêche en prévoyant le jour où son compagnon de jeu viendra sur la mer ; lorsqu'ils posséderont ensemble une petite maison et auront un jardin de vignes et de fleurs, avec un petit chemin qui descend jusqu'à « la source où l'eau bouillonne jour et nuit comme un petit poème du cœur de la terre » ; quand ils auront un peu de compétence, afin que le doux bébé ne manque pas de connaissances. Par ce rêve, le jeune entretient sa solitude et sa pauvreté ; par ce rêve, il vainc ses vices et ses passions ; enfin, grâce à ce rêve, il est élevé au rang de patriote et de digne citoyen. Vous ne trouverez pas non plus un seul homme travaillé, pris demain dans le tourbillon de la vie, qui ne supporte pas les conflits, la rivalité et l'égoïsme de la rue avec ce don divin. C'est l'instrument le plus noble de l'âme. Ainsi les cieux sont ouverts. L'imagination est l'amie et le sauveur du pauvre . L'imagination, c'est

Dieu murmurant à l'âme ce qui se passera lorsque le temps et les ressources divines auront accompli leur œuvre sur l'homme.

Et lorsque l'imagination a réalisé pour l'homme son progrès, son bonheur et sa culture, elle l'aide à acquérir une valeur personnelle et un caractère. Au-dessus de chaque âme noble plane une vision de choses plus élevées, meilleures et plus douces. Cela amène les meilleurs hommes, même dans leur meilleure humeur, à penser que de meilleures choses sont encore possibles. Par de douces visions, il tente les hommes vers le haut, tout comme autrefois les abeilles étaient attirées par le miel qui tombait entre les mains du chasseur. La vision d'une virilité supérieure mécontente les hommes face aux réalisations d'aujourd'hui et enlève la saveur de la victoire d'hier. Dans de telles heures, il ne suffit pas que les hommes aient du pain et des vêtements, ou soient meilleurs que leurs semblables. L'âme est remplie de désirs et de désirs sans nom. Les convictions les plus profondes, longtemps cachées, commencent à s'agiter et à se mettre à rude épreuve, alors même qu'en juin la graine souffre de sa récolte cachée.

Même si le jeune poursuit toujours , il ne dépasse jamais son idéal. Dans le processus de transmutation en vie, l'idéal est blessé et éclipsé. Tout comme la vision du poète est transcendante plus belle que la chanson qu'il écrit sur la page ; comme le rêve de l'artiste est une création glorieuse, mais son tableau n'en est qu'une photographie ; de même que le chant ou la symphonie du musicien n'est qu'un écho de la musique éthérée qu'il a entendue dans son âme, de même chaque objectif et chaque idéal sont gâchés dans l'effort visant à leur donner une expression et une incarnation.

Ces enfants d'aspiration détiennent le secret de tout progrès pour la société. De même que les artistes anciens dessinaient les contours d'images lumineuses et glorieuses, puis remplissaient la mosaïque de morceaux de verre coloré et de pierres précieuses, faisant apparaître des anges et des séraphins dans une beauté éclatante, ainsi l'imagination élève devant la jeunesse ses projets lumineux. et ses objectifs, et lui demande de se consacrer aux détails de la vie en la remplissant et en perfectionnant un caractère glorieux. Les modèles de vie ne sont donnés que sur cette montagne sacrée où, au milieu des nuages et des ténèbres, demeurent Dieu et l'imagination supérieure.

Mais si l'imagination a son utilité, elle a aussi ses abus. Si les visions de vérité et de beauté peuvent exalter, les visions de vice peuvent avilir et dégrader. Dans cette image où Faust et Satan se battent ensemble pour l'âme du savant, les anges participent au conflit. Cueillant les roses du paradis, ils les jettent par-dessus les créneaux sur la tête des combattants. Quand les roses tombent sur Faust , elles guérissent ses blessures ; quand ils tombent sur Satan, ils se transforment en charbons ardents. Ainsi l'imagination jette ses inspirations sur les purs, mais jette le mal dans l'abîme. Les misères des hommes de génie comme Burns sont des avertissements perpétuels à la jeunesse contre les émeutes de l'imagination. Il y a des poèmes, mais aussi des romans et des scènes sinistres dans la ville, qui accrochent des images devant l'imagination et brûlent l'âme comme des flammes de feu. Car il en est de même aujourd'hui de ce qu'un homme imagine dans son cœur qu'il est. Car ce n'est pas ce qu'un homme fait extérieurement, mais ce qu'il rêve intérieurement, qui détermine son caractère.

La plupart des hommes sont meilleurs qu'on ne le pense, mais certains sont pires. De même que la vapeur dans la chaudière se fait connaître par des sifflements, ainsi les mauvaises imaginations se soulèvent et se tendent, cherchant à s'échapper. Beaucoup s'abstiennent du vice et du crime par peur ; leur conscience est lâcheté ; s'ils l'osaient, ils se déchaîneraient dans la vie comme les bêtes des champs ; si toutes leurs imaginations intérieures devaient s'exprimer extérieurement en actes, elles seraient des fléaux, des plaies et des ravageurs. Dans le silence de l' âme , ils commettent tous les vices. Mais ceux qui sèment le vent récolteront la tempête ; le jour révélateur viendra où les films de la vie seront retirés, et le personnage paraîtra fidèle comme un portrait, et alors on verra que toute la mesquinerie et la laideur ont donné quelque chose à l'image de l'âme. Oh, soyez mis en garde contre ces rêves, vous tous, jeunes cœurs ! L'indulgence de l'imagination est comme la chaleur étouffante d'une journée d'été ; ce qui a commencé si joliment se termine par des éclairs violents et du tonnerre. Comme cette parole est terrible pour les méchants ! "Comme un homme pense dans son cœur, tel est-il."

Cette vision a également la faculté de racheter les hommes de l'oppression et du malheur, et, par ses allusions royales, de leur apporter la victoire et la paix. Les journées sont souvent pleines de tempêtes et de turbulences ; souvent les événements se gâtent à volonté ; souvent, la prochaine étape promet le précipice. Il y a des périodes dans chaque carrière où les troubles augmentent si étrangement que le monde ressemble à un orbe lâché pour errer largement dans l'espace. En ces heures sombres, certains endurent leur douleur et leurs ennuis avec une ténacité obstinée et stoïque. Alors les hommes imitent la tortue qui rentre la tête et le cou, en disant au malheur : « Voici la carapace, et frappe dessus. Mais Dieu merci ! la victoire sur les difficultés a été ordonnée. Aux heures les plus noires de la tempête , la faculté de vision est donnée à l'homme pour l'amener au royaume de la tranquillité . De même que les voyageurs dans la jungle grimpent aux arbres la nuit, tirent l'échelle derrière eux et demeurent au-dessus de la portée des bêtes sauvages et des serpents, de même l'âme, dans ses humeurs supérieures, s'élève dans les royaumes de paix et de repos. Dans cette heure sombre, juste avant que Jésus-Christ n'entre dans la nuée et les ténèbres et affronte ses graves souffrances, il appela ses disciples à son sujet et prononça ce discours commençant par : « Que vos cœurs ne soient pas troublés. » Des mots étranges et étonnants ; des mots d'un génie et d'une beauté incomparables.

De plus, la faculté de vision fournit à l'homme son idée et son image de Dieu. Beaucoup pensent que tout ce qui est nécessaire pour comprendre la nature divine est qu'elle soit énoncée distinctement dans le langage. Il ne pouvait y avoir une plus grande erreur. Il ne peut y avoir de langage permettant à un petit enfant de comprendre les vérités plus vastes de l'héroïsme, de l'art ou du gouvernement. Celui qui n'est pas mûr ne peut pas comprendre ce qui est mûr. Chaque esprit doit peindre sa propre image de Dieu. La nature elle-même n'est qu'une palette sur laquelle Dieu dessine son portrait. La raison fournit les matériaux et les vérités sur Dieu, et l'imagination les unit dans quelque noble conception de sa nature toute-utile. Tout ce qui dans la nature a du pouvoir, de la beauté ou des avantages l'a reçu de Dieu. En parcourant les vallées alpines, le voyageur voit d'énormes boules couchées dans le ruisseau et, regardant du côté de la montagne, son regard se pose sur la falaise même d'où est tombé l'oiseau. En discernant ainsi les nobles qualités d'une mère ou d'un patriote, d'un héros ou d'un ami, nous remontons leurs belles qualités à Dieu, à qui toutes les âmes nobles empruntent leur excellence. Au sens le plus large, tous les éléments de puissance de la mer, du ciel et du soleil, toute la beauté des champs et des forêts, des étés et des hivers, sont des lettres de l'alphabet naturel destinées à épeler le nom de Dieu. Tout comme un diamant a de nombreuses facettes et que chacune reflète le soleil, de même l'univers lui-même est un joyau dont chaque facette reflète l'esprit et le génie de Dieu.

Lorsque la raison a éliminé de la vie et de la nature tout ce qui suscite la crainte ou l'admiration, tout ce qui représente la générosité et la beauté, alors l'imagination élève tous ces idéaux, les rassemble et les fond en une seule conception lumineuse et glorieuse du Dieu de puissance, de sagesse. et l'amour. Mais même alors, le cœur murmure : « Il est cela, et infiniment plus que cela, de même que le soleil est plus que le petit cierge que l'homme a fabriqué. » Mais si la raison et la mémoire, par mauvais usage, ne fournissent que peu de vérités sur Dieu, et si l'imagination a été affaiblie dans sa puissance, alors quel pauvre tableau l'âme peint !

Quels portraits maigres et faibles de Dieu certains hommes ont ! Que peut connaître un Esquimau, dont la plus haute conception de l'été est un buisson rabougri, des vergers tropicaux, des pêches, des poires et des prunes succulentes ? Si l'étudiant n'a vu que les fragments brisés de Phidias, que peut-il savoir du Parthénon tel qu'il se trouvait autrefois au zénith de sa perfection, dans la splendeur de sa beauté ? Mais si la raison de l'homme peut extraire tous les faits brillants de la nature et de l'histoire, et si son imagination a la force et l'habileté de les rassembler tous, alors comme le visage et le nom de Dieu seront beaux ! Ce nom remplira son âme de musique. Cette pensée fera vibrer son cœur d'une joie tumultueuse. Si tout l'air était rempli de cloches invisibles, si les anges étaient les sonneurs et si la musique tombait en vagues aussi douces que l'améthyste et la perle fondues, nous aurions ce qui répondrait à la douceur qui, jour et nuit, pleut sur les cœurs des gens. ceux qui s'approchent de Dieu, non pas par les yeux ni par l'oreille, non par l'argumentation ou le jugement, mais par le cœur, par l'imagination, alors qu'ils endurent, contemplant Celui qui est invisible.

L'ENTHOUSIASME DE L'AMITIÉ

"Celui qui marche avec des sages sera sage." - *Salomon.*

« La seule façon d'avoir un ami est d'en être un. » — *Emerson.*

« Un talent se perfectionne dans la solitude ; un personnage dans le courant du monde. » — *Göethe* .

« Il est certain que soit une attitude sage, soit une conduite ignorante sont prises lorsque les hommes contractent des maladies les uns des autres ; que les hommes donc prennent garde à leur compagnie. » - *Shakespeare.*

"Au-delà de toute richesse, honneur ou même santé, il y a l'attachement que nous formons aux âmes nobles, car devenir un avec le bien, généreux et vrai, c'est devenir, dans une certaine mesure, bon, généreux et vrai nous-mêmes." - *Thomas Arnold* .

"Cicéron a dit : 'L'amitié peut rendre la richesse splendide.' L'amitié peut planifier beaucoup de choses pour réaliser sa richesse. Elle peut planifier une bonne soirée d'hiver pour un groupe, et elle peut planifier un après-midi pour une centaine d'enfants. Elle peut rouler une bûche de Noël pour un grand foyer. Elle peut répandre le bonheur. à droite et à gauche. Elle peut très bien dépenser l'argent et faire briller l'or. La civilisation elle-même est du cœur. "- *Swing.*

VIII

L'ENTHOUSIASME DE L'AMITIÉ

Le destin est déterminé par l'amitié. La fortune se fait ou se gâte lorsque le jeune choisit ses compagnons. L'amitié a toujours été la passion maîtresse qui régit le forum, la cour, le camp. Le pouvoir de l'amour est inspiré par Dieu, et la vie n'a rien de comparable à l'amour de la majesté et de la beauté. La civilisation elle-même relève davantage du cœur que de l'esprit. De même qu'un aigle ne peut s'élever avec une seule aile, de même l'âme s'élève portée également par la raison et l'affection. Platon trouvait la mesure de la grandeur dans la capacité d'un homme à entretenir une amitié exaltée. Tous les grands de l'histoire se distinguent aussi bien par leur passion maîtresse que par leur suprématie intellectuelle. Témoin David et Jonathan, avec un amour surpassant l'amour des femmes. Soyez témoin de Socrate et de son groupe d'amis immortels. Soyez témoin de Dante et de son amour éternel pour Béatrice. Témoin Tennyson et son refrain pour Arthur Hallam. Soyez témoins des disciples et du Christ, avec « un amour aussi fort que la mort ».

La douceur n'est pas plus véritablement l'essence de la musique que l'amour n'est l'âme même d'une virilité profonde, forte et harmonieuse. L'amitié brille comme un rayon de soleil ; charme comme une bonne histoire; inspire comme un leader courageux ; se lie comme une chaîne en or ; guide comme une vision céleste. Aimer seul est donné pour lutter victorieusement contre la mort.

Lord Bacon a dit : « Celui qui aime la solitude est soit une bête sauvage, soit un dieu. » L'homme normal est grégaire. Il veut de la compagnie. Le bétail lui-même va en troupeaux. Les poissons vont en bancs. Les abeilles partent en essaims. Et les hommes se rassemblent en familles et en villes. À mesure que les hommes s'élèvent vers la grandeur, leur besoin d'amitié augmente. Aucun esprit de premier ordre n'a jamais été un ermite. La littérature moderne consacre les amitiés des grands et les rend mémorables. Tant que durent les lettres, la société n'oubliera jamais Charles Lamb et ses compagnons ; Le Dr Johnson et son groupe immortel ; Pétrarque et sa dépendance impuissante envers Laura ; tandis que les lettres d'Abélard et d'Héloïse les consacrent dans un souvenir éternel.

Dans toute la littérature, il n'y a pas de scène de lit de mort plus touchante que celle du patriarche Jacob. En mourant, le Prince oublia son or et son argent, ses troupeaux et ses terres. Soulevé sur ses oreillers, dans une excitation tremblante, il prit sur ses lèvres deux noms : Dieu et Rachel. Plus de vingt années s'étaient écoulées depuis sa mort, mais à cette heure mémorable, le grand homme lui a construit un monument qui avait nourri sa joie et approfondi sa vie.

L'amitié porte une certaine force fécondante. Tous les biographes nous disent que chaque époque de la vie d'un héros était inaugurée par un nouvel ami. Lorsque Schiller rencontra Göethe, tous les talents latents se réveillèrent. L'amitié du poète a fait grandir la jeunesse à pas de géant. Un jour, rentrant chez lui après une brève visite chez Göethe , l'un d'eux s'est exclamé : « Je suis émerveillé par les progrès que Schiller peut faire en une quinzaine de jours ! Cela explique peut-être pourquoi les grands semblent venir en groupe. Envoyez un Emerson dans n'importe quel Concord, et sa présence piquante pénétrera dans toute la région. Bientôt, tous ceux qui viennent dans le rayon de sa vie réagissent à sa présence, comme les fleurs et les arbres répondent avec des branches brillantes et parfumées au soleil lorsque le printemps remplace l'hiver glacial. Après un peu de temps, chaque Emerson se tient entouré de Hawthornes , Whittiers , Holmeses et Lowells . La grandeur de chaque Milton persiste chez ses amis, Cromwell et Hampden, alors que le soleil s'attarde dans les nuages une fois la journée terminée. Ainsi les grandes épopées et les drames, depuis l'Iliade jusqu'aux Idylles du Roi, sont des histoires d'amitié. Retirez l'amour de notre plus grande littérature, et c'est comme retirer un adorable bébé des vêtements qui le recouvrent. L'homme écoute avec avidité les récits d'éloquence et d'héroïsme, mais il aime par-dessus tout les histoires de cœur. Dieu n'est pas plus véritablement la vie de la matière morte que l'amour n'est la vie même de l'homme.

Or, le secret de l'éminence dans le domaine de l'industrie, de l'art ou de l'invention est le suivant : le travailleur a travaillé dans ses humeurs mentales lumineuses. Dans ses états passifs et inertes, l'esprit est réceptif. Alors la raison est comme une épée au fourreau. La pensée doit être émise comme le feu est allumé avec du silex. Mais dans des ambiances inspirantes, l'esprit commence à briller et à s'allumer. Alors la raison de l'orateur, du poète ou du réformateur cesse d'être comme un cierge qui a besoin d'une allumette pour l'allumer, et devient un soleil flamboyant de son propre éclat. Spencer a écrit : « En aucune alchimie politique nous ne pouvons obtenir une conduite en or à partir d'instincts de plomb. » Il n'existe donc aucune nécromancie grâce à laquelle l'esprit puisse obtenir un travail supérieur de ses humeurs inférieures.

Quand donc la raison s'approche de sa tâche sous l'inspiration de l'enthousiasme et de l'amour, la nature livre tous ses secrets. Voici l'auteur assis pour écrire. La mémoire refuse les faits et la raison refuse de créer des fictions. L'esprit est ennuyeux et mort. Soudain, le pas d'un ami longtemps absent se fait entendre à la porte. Alors comment les facultés s'éveillent-elles ! Durant toute la longue soirée d'hiver, l'esprit fait ressortir ses trésors d'esprit, d'anecdotes, de faits instructifs et d'allusions charmantes. Voici un

Edison, passionné d'invention, qui a constaté que ses lampes électriques qui avaient bien fonctionné pendant un mois s'étaient soudainement éteintes et a lu dans le journal du matin le jugement du scientifique selon lequel son ampoule électrique était un bon jouet mais un mauvais outil. .

Dans son enthousiasme pour son travail, l'homme s'est exclamé : "Je ferai une statue de ce professeur, je l'éclairerai avec des lampes électriques et je rendrai son ignorance mémorable." Puis Edison partit pour commencer une série d'expériences qui chassèrent ses yeux et ses paupières de sommeil pendant cinq jours et nuits successifs, jusqu'à ce que l'amour et l'enthousiasme aident la raison à arracher la victoire à la défaite.

Voici le jeune Mozart, avec son amour de la musique, travaillant dur pendant de longues journées à des tâches qu'il détestait et, dans le crépuscule sombre , se faufilant dans la vieille église, où il déversait son âme sur les touches de l'orgue, sanglotant ses mélodies lugubres. . Voici Lincoln, avec son enthousiasme pour les livres, entrant la nuit tout souffrant de froid et d'humidité, et se levant pendant que les parents dormaient, pour rouler une autre bûche sur le foyer flamboyant, tandis qu'au milieu de la chaleur reconnaissante, ses yeux avides cherchaient les trésors qui se trouvaient. le long de la page imprimée, jusqu'à ce que son esprit devienne riche et fort. Et voici les membres du clan et les patriotes écossais, par amour, suivant le noble chef, le cœur tout enflammé, qui, s'ils avaient eu cent vies, les aurait volontiers toutes données pour leur chef héroïque. Et voici l'orateur qui se lève pour plaider la cause du sauvage et de l'esclave devant des hommes qui n'éprouvent aucune sympathie et qui sont comme des châteaux fermés et barrés. Mais l'amour pour les pauvres brille dans les yeux de Wendell Phillips, tremble dans sa voix, plaide dans sa pensée, jusqu'à ce que la multitude devienne toute plastique à sa pensée, et que son sourire devienne leur sourire, sa larme leur larme, le battement de son cœur. le battement de toute l'assemblée. Voici la jeune Écossaise, amoureuse de la vérité, debout au milieu de la mer, dans les griffes de la marée montante. Elle est liée au milieu des eaux montantes. Elle est condamnée et doit bientôt mourir. Mais ses yeux sont tournés vers le ciel et une grande lumière douce est sur son visage qui nous dit que l'enthousiasme et l'amour en elle ont vaincu la mort. En vérité, ce Grec a bien fait d'appeler l'enthousiasme « un dieu intérieur », car l'amour est plus fort que la mort.

L'historien nous dit que toutes les libertés, réformes et réalisations politiques de la société ont été conquises par des nations palpitantes et palpitantes d'un grand enthousiasme. La Renaissance ne signifie pas un seul Dante, ni Boccace, mais un enthousiasme national et un « dieu dans tous les esprits ». La Réforme n'est pas un seul Savonarole, ni Luther, mais un enthousiasme universel et « un dieu intérieur », tout cœur et toute conscience. Si l'on étudie ces mouvements de société tels qu'ils sont représentés par leurs dirigeants, ces héros se dressent devant nous avec un cœur enflammé et un esprit qui grandit comme des soleils. Dans les moments de grand danger, les hommes développent une force physique insoupçonnée, et la force de tout le corps semble se précipiter vers le haut et se compacter avec le pouce ou le poing. Et dans le monde mental, les avocats et les orateurs nous disent que lors de crises brûlantes, lorsque de grandes questions dépendent de leurs paroles, la mémoire accomplit des exploits autrement impossibles. Durant ces heures, l'esprit devient lumineux. Toute l'expérience du passé défile devant l'orateur avec la majesté d'une puissante vague ou d'une tempête impétueuse. De même, le héros enflammé d'amour ou de liberté devient invincible. Quand un Garibaldi ou un Lincoln apparaît et que le peuple contemple sa grandeur, sa beauté et sa magnanimité, chaque cœur saisit la passion sacrée. Alors le jeune à l'esprit étroit renverse ses petites idoles, établit des idéaux plus divins et trouve de nouvelles mesures pour les trônes du ciel et de la terre. Alors, dans un grand abandon d'amour, la nation épanche son cœur pour la cause qu'elle aime.

Froude nous dit que l'autonomie gouvernementale a coûté à l'humanité des centaines de guerres et des milliers de champs de bataille. Tennyson parle du garçon qui suivait la charrue de son père lorsque le soc a révélé un crâne humain. Là où se trouvait la charrue, le patriote était tombé au combat. Assis sur le sillon, l'enfant sur ses genoux, le père fit voir à son fils un million d'hommes en armes se battant pour quelque grand principe ; voir les champs de bataille tout rouges de sang ; les flancs des collines tout gonflés de tombes ; lui a fait entendre les coups de feu et les obus hurlants ; » a souligné l'armée d'infirmes qui rentraient chez eux en boitant. Lorsque l'enfant frissonna de peur, le père murmura : « Vos ancêtres seraient volontiers morts quotidiennement pour la liberté qu'ils aimaient. » Et si aujourd'hui de bons hommes méditent sur les torts de l'Arménie et poussent une prière silencieuse pour ceux qui luttent contre des obstacles désespérés et contre « l'innommable Turc », et si demain et après-demain rédacteurs et orateurs s'unissent dans des paroles de sympathie et encouragement pour les patriotes qui combattent à Cuba, c'est parce que nous croyons que l'amour de la liberté implique le droit à la liberté ; que le despotisme corrompt la virilité ; que l'autonomie gouvernementale est la meilleure pour l'industrie, la meilleure pour l'intégrité, la meilleure pour l'intelligence. Si le soc rouge de la guerre doit traverser le sol des nations, qu'il enterre à jamais les germes de l'oppression et de l'injustice, et seme pour les générations futures les germes de la liberté, de l'intelligence et de la religion !

De plus, une passion débordante est le secret de toute éminence en matière d'érudition. Chaque automne, les portes dorées de l'apprentissage s'ouvrent en grand pour accueillir les milliers de personnes qui entrent dans nos collèges et universités. S'il était possible pour chaque jeune étudiant de s'asseoir et de parler avec la bibliothèque et le laboratoire comme avec un ami familier, nous entendrions la voix de la sagesse prononcer un seul message : « J'aime ceux qui m'aiment. Aucune de ces formes de richesse mentale appelées art, science ou littérature, ne pénètre dans l'esprit sans qu'on le demande ou ne reste sans y être sollicité . Toutes les étagères regorgent de trésors mentaux, mais seul l'esprit avide peut les récolter. La Beauté dort dans toutes les carrières, mais seul le ciseau avide la réveille. La richesse est dans chaque fissure et crevasse du sol, mais la nature interdit au paresseux de l'exploiter. Ces formes de paradis appelées renommée, position, influence, existent avec des portes ouvertes jour et nuit, mais les chérubins aux épées flamboyantes repoussent toute la jeunesse oisive. Lorsque le roi grec partit en expédition, il garda son char d'or sur la place du marché. Élevant la voix, il interdit à tout homme dont le cœur restait derrière de monter dans son char. Ainsi, l'esprit est un char qui entraîne aucun étudiant réticent vers les hauteurs où résident la sagesse et le bonheur.

Aujourd'hui, nos jeunes hommes et nos jeunes femmes se trouvent au milieu des arts, vastes, beaux et utiles ; ils sont entourés de tous les faits de la merveilleuse histoire de l'homme ; ils respirent une atmosphère chargée de raffinement. Mais le jeune qui déteste ses livres pourrait aussi bien être le pauvre sauvage couché sur les rives du Niger, dont l'âme reste silencieuse et meurt de faim dans un cachot silencieux. Si un ciel bienveillant nous donnait le pouvoir de choisir un cadeau charmant à offrir à notre jeunesse, les parents et les enseignants ne pourraient rien demander de mieux que que chaque jeune cœur prenne d'assaut les portes du savoir avec un tel enthousiasme que celui de Milton ou d'Épictète. L'esclave romain avait une jambe cassée et tordue par un maître cruel, mais dans son enthousiasme pour la connaissance, il utilisait la faible lumière de sa cellule pour copier les pensées de grands auteurs et restait éveillé la nuit, réfléchissant aux problèmes de la vie et de la mort. la nature mystérieuse de l'homme, et s'est ainsi rendu immortel par son dévouement à la vérité. Pour l'étudiant, l'enthousiasme est en effet « un dieu intérieur ». L'ignorance est le manque d'animation mentale. Le scientifique nous dit que les Patagons dorment dix-huit heures par jour, avec une tendance à somnoler pendant les six autres heures. Leur esprit est incapable de faire le moindre mouvement, et le chef a dit un jour à Sir John Lubbock qu'il adorerait parler si les grandes idées ne le rendaient très somnolent.

Mais c'est en vain que l'homme a la raison, le savoir ou l'imagination si ces talents dorment. Il n'y a pas si longtemps, les ruines d'un ancien temple ont été découvertes à Rome. Lorsque la bêche eut retourné le sol, voici, des graines longtemps cachées se réveillèrent pour couvrir le sol d'une riche verdure. Depuis 2 000 ans, ces germes dormaient, attendant le jour de la chaleur et de l'accélération. Ainsi, chaque faculté de l'homme reste latente jusqu'à ce qu'un puissant enthousiasme la traverse. En effet, la puissance mentale ne réside pas dans la multitude de connaissances acquises, mais dans les puissants enthousiasmes qui poussent l'âme informée sur quelque noble chemin. La puissance n'est pas dans le moteur, mais dans la vapeur qui martèle le piston ; et l'âme est un mécanisme entraîné par ces motivations appelées enthousiasme pour le savoir, ou influence ou richesse. Le succès pourrait être défini comme un engagement total de tout son cœur dans une bonne cause.

Il est grand temps que nos jeunes gens reconnaissent que la prospérité et la richesse ne s'acquièrent que lorsque l'esprit s'engage avec enthousiasme dans la voie de l'industrie. Nos jeunes gens ont été profondément blessés par le fait que, de temps en temps, quelqu'un tombe sur une richesse soudaine ou, par accident, acquiert un grand trésor. Mais pour chaque personne aussi chanceuse, il y en a dix mille qui n'ont pas réussi faute d'un enthousiasme déterminé.

Les Perses ont une étrange histoire sur les mines de diamants de Golconde. Un jour, Ali Hafed était assis avec sa femme, regardant la rivière qui traversait leur ferme. Bientôt, leurs enfants traversèrent les arbres, emmenant avec eux un voyageur. En toute confiance, l'étranger montra à Ali Hafed un diamant qui brillait comme une goutte de soleil condensée. Il dit à son hôte qu'un gros diamant valait des mines entières de cuivre et d'argent ; qu'une poignée ferait de lui un prince ; qu'une mine de diamants achèterait un royaume. Cette nuit-là, le riche Ali Hafed s'est couché en tant qu'homme pauvre, car la pauvreté est un mécontentement. Le matin venu, il vendit sa ferme contre de l'or et partit à la recherche de diamants. Les années ont passé. Vieux et gris, il revint en haillons et dans la pauvreté. Il découvrit que ses proches étaient tous morts dans la misère. Il découvrit également que le paysan qui avait acheté sa ferme était désormais un prince. Un jour, en fouillant le sable blanc du ruisseau au pied du jardin, le paysan aperçut quelque chose de brillant qui lui fit monter le cœur à la bouche. Passant ses mains dans le sable, il le trouva semé de pierres précieuses. Ainsi furent découvertes les mines de Golconde. Si Ali Hafed avait creusé son propre jardin, au lieu de mourir de faim, de pauvreté et d'avoir le cœur brisé, il aurait possédé des pierres précieuses qui ont enrichi les nations.

Cette légende nous rappelle à quel point la jeunesse gaspille constamment ses opportunités. Chaque jour, un homme échange une ferme de Pennsylvanie contre les prairies du Dakota, pour découvrir que les collines qu'il méprisait ont développé du pétrole qui rend son successeur riche. Chaque année, les hommes déterminés s'enrichissent grâce à des bagatelles que les négligents rejettent. Les égouts de Paris ont enrichi un homme de trésors dépassant ceux des mines d'or. Les déchets d'une filature de coton fondèrent la fortune d'une des plus grandes familles d'Angleterre. Peter

Cooper racontait qu'il avait construit l'Institut Cooper en ramassant les déchets que jetaient les boucheries. À Haverhill, Massachusetts, un garçon tirant sur une forme de chaussure, sa mère lui a dit de se consacrer à la fabrication de formes meilleures et plus solides. Vingt années d'études enthousiastes se terminèrent et il fut président de l'un des plus grands de nos chemins de fer. En 1870, un jeune était assis sur le terril d'une mine en Californie. Mais il se consacra à chaque motte de terre, et partant pour quelques semaines, il revint avec une machine qui extrayait des scories plus de trésors que les hommes n'avaient jamais tiré des mines. Tous les sages s'accordent pour nous dire que notre monde est un monde où la prospérité s'obtient par la fidélité aux détails et où la richesse s'obtient par de petites améliorations. Mais le meilleur de tout, c'est qu'un enthousiasme déterminé donne une richesse mentale et permet d'atteindre un trésor au-delà de l'or et des rubis : un caractère digne.

Il n'y a pas non plus de scories que l'amour ne puisse éliminer, ni de vice que l'amour ne puisse expulser du cœur. Wordsworth était tellement impressionné par le mal de l'avarice qu'il ne pouvait la comparer qu'à une vigne empoisonnée qui s'enroulait si étroitement autour de son arbre préféré que la vigne et l'arbre ne formaient plus qu'une seule vie, et que la suppression de l'un signifiait la mort de l'autre. Mais dans son histoire la plus célèbre, George Eliot nous raconte que l'avarice disparaît complètement avant le contact de l'amour. Silas Marner a été victime de la plus noire ingratitude. Son ami était un voleur qui lui imputait le crime d'un crime noir. Soudain, cet homme innocent a trouvé toutes les maisons fermées à sa portée, tous les magasins fermés à ses outils, tandis que même le marché refusait ses marchandises. Pendant deux ans et plus, il a courageusement tenu la tête haute et a regardé tous les hommes en face. Finalement, la faim et le besoin le chassèrent comme un vagabond. Puis il secoua la poussière de ses pieds contre ses faux amis et maudit leurs foyers. La gentillesse en lui s'est transformée en cynisme, sa douceur est devenue amertume, sa foi en Dieu et en l'homme a flotté faiblement pendant un moment , puis est restée sans un seul battement de pouls. En colère, il maudit Dieu, mais ne put mourir.

Voyageant au loin, le voyageur arrêta enfin ses pas dans un village éloigné. Puis, en travaillant dur, il chercha à oublier. Se levant bien avant le jour, il travaillait avec l'activité d'un insecte filant ; et pendant que les hommes dormaient, son métier à tisser bourdonnait jusque tard dans la nuit. Au bout de quinze ans, il possédait beaucoup d'or et était avare. Sous le sol en brique, il cachait son trésor. Chaque nuit, il fermait la porte à clé, fermait les fenêtres et versait sur la table son or et son argent. Il s'est baigné les mains dans le fleuve Jaune. Il a empilé ses guinées en tas. Parfois, il dormait les bras autour de ses précieux sacs d'argent. Un soir, il souleva les briques du sol et constata que le trou était vide. Engourdi de terreur, il allait partout chercher son trésor.

Il pétrit son lit, balaya son four, scruta chaque fissure et chaque crevasse. Lorsque la pleine vérité tomba sur l'avare, il poussa un cri sauvage et retentissant – le cri de désolation de l'âme. Puis, dans son chagrin, il se précipita sous la pluie et dans la nuit sauvage, et erra encore et encore, stupéfait de douleur. Ce n'est que le matin qu'il sortit de la tempête en titubant. En entrant, il aperçut un reflet jaune près de son foyer. Avec un cri sauvage, il bondit en avant et l'attrapa. Mais ce n'était pas de l'or ; c'était quelque chose de mieux : c'étaient les mèches jaunes d'un enfant endormi. Le cœur brisé, sans autre raison de vivre, Silas Marner prit dans son sein le bébé abandonné. Au fil des semaines, la petite créature se blottit dans son cœur. Pour le bien de l'enfant, il se tourna de nouveau vers son métier à tisser ; l'amour lui a appris l'économie et l'industrie. Pour le bien de l'enfant, il achetait des livres et conservait ses connaissances ; l'amour en a fait un savant. Pour le bien de l'enfant, il planta des vignes, des roses et toutes les fleurs douces ; l'amour a fait de lui un artiste. Pour le bien de l'enfant, il acheta des tapis pour le sol et des tableaux pour les murs ; l'amour l'avait rendu généreux. Pour le bien de l'enfant, il s'est agenouillé une nuit et a récité sa prière ; l'amour voudrait faire de lui un chrétien. Mais il détestait les hommes et ne pouvait oublier leur ingratitude. Un jour, la voiture d'un homme riche s'arrêta devant sa chaumière. Le seigneur du manoir raconta une histoire étrange : comment cette belle fille de dix-huit ans était sa fille. A cette heure-là, la jeune fille, grande et belle, se détourna du palais, des terres, de la position et, pour l'amour qu'elle lui portait, entoura Silas Marner de ses bras et refusa de le quitter. Puis quelque chose en lui céda et Silas Marner pleura. Alors la confiance en l'homme et en Dieu lui revint. L'amour avait détruit l'avarice et purgé son péché. Car l'amour est un civilisateur ; cela fait des sauvages des saints. Comme une armure de glace fond devant le soleil, ainsi tous les vices et toutes les iniquités disparaissent en présence d'une affection irrésistible.

Il nous reste à considérer que l'absence d'un dévouement enthousiaste à l'intégrité et à la loi de Dieu explique les désastres moraux et les naufrages qui ont accru les larmes et les chagrins de l'humanité. Récemment, les habitants de ce pays ont ouvert leurs journaux du matin et ont été profondément choqués par une répétition de désastres graves, qui n'étaient pas tous physiques. Il semble qu'un terrible cyclone ait balayé une communauté occidentale, dévastant les vergers, détruisant les maisons et les granges, et laissant derrière lui une bande large et noire de destruction. En outre, les nouvelles étrangères parlaient d'un volcan dont le cratère avait soudainement déversé une rivière de lave sinistre qui, dévalant le flanc de la montagne, consumait les maisons de la multitude volante. Mais le désastre le plus triste était réservé au dernier. Il racontait la honte et le chagrin, dont on ne peut se remettre, qui étaient arrivés aux parents et amis de trois jeunes hommes, jusqu'alors tenus en grand honneur. Il semble que, pendant de nombreuses années, ces hommes aient été honorés par leurs amis et jouissent de la confiance des banques dans lesquelles ils travaillaient. Mais à une heure sombre, ils décidèrent de cesser d'être des gentlemen, préférant rejoindre les rangs des voleurs. Au mépris de tout principe d'honneur, l'or que les employeurs confiaient à leurs soins n'était pas transporté dans le coffre-fort, mais distribué entre les joueurs et les méchants. Et notre grande tristesse s'accroît lorsque nous lisons dans nos rapports commerciaux que l'année dernière, 625 hommes se sont égarés en tant que détourneurs de fonds, volant aux habitants de quarante-cinq États 25 234 112 dollars. Le moment semble être venu pour cette nation de s'asseoir sous le sac et la cendre.

Tous les hommes de bien pensent que soit cette immoralité doit cesser ses ravages, soit cette nation sera irrémédiablement déshonorée. S'il était possible de retrouver ces malheureux, les uns portant l'habit des forçats, les autres errant en fugitifs dans des pays étrangers, désormais des hommes « sans patrie », et d'interroger chacun sur la cause de sa profonde disgrâce, de tous viendrait cette confession honteuse : « J'ai aimé le mal et j'ai haï la loi de Dieu ». Personne ne pouvait avouer une dévotion passionnée et enthousiaste aux lois divines. Mais tout arbre non déraciné tombe devant la tempête, et tout navire non ancré au milieu des rochers s'effondrera lorsque le vent se lèvera. Puissions-nous aujourd'hui faire en sorte que les lois de Dieu apparaissent aussi clairement définies que les sommets des montagnes devant les yeux de tous les jeunes hommes ; si nous pouvions aussi allumer en chacun un amour passionné et une affection fidèle pour ces saintes lois. Si les jeunes d'aujourd'hui veulent être les dirigeants de demain et avoir un jour le pouvoir de remuer leurs semblables, de corriger les abus, de révolutionner la société ou d'organiser l'histoire, ils doivent, avec l'enthousiasme de l'amour, s'allier entre eux. avec Dieu et Sa loi, en revêtant cette loi de chair jusqu'à ce qu'elle devienne visible, en la revêtant de voix jusqu'à ce qu'elle devienne éloquente, en l'excitant de puissance jusqu'à ce qu'elle devienne triomphante. Seul l'amour accomplit la loi !

L'homme a surtout besoin de l'enthousiasme de l'amour envers son Dieu et Sauveur . Autrefois, Platon exprimait le souhait que la loi morale devienne un personnage vivant, afin que l'humanité puisse rester émerveillée et fascinée par sa beauté. Le philosophe estimait que les abstractions étaient trop froides pour allumer l'enthousiasme de l'âme. À mesure que les planètes s'éloignent du soleil, leur lumière et leur chaleur diminuent ; leurs fleurs se fanent ; leurs fruits manquent d'éclat ; leurs étés raccourcissent. Ainsi Neptune se tient au milieu de la glace et de l'hiver perpétuels, sans arbre, ni oiseau, ni voix humaine. Mais à mesure que notre terre s'approche des rayons directs du soleil, sa beauté augmente, ses récoltes s'alourdissent.

Comme pour réaliser le désir de Platon, Jésus-Christ s'est approché de notre monde, non pour refroidir le cœur de l'homme, mais pour renforcer son affection, affiner sa raison, élargir son horizon. Que les paroles du Christ sont admirables, que son œuvre est illustre, que son caractère est divin ! Le philosophe décrit l'homme, mais Jésus-Christ aime l'homme, pleure pour l'homme, meurt pour l'homme. Dante inspire, mais Jésus-Christ donne la vie. Shakespeare brille, mais Jésus-Christ élève. L'histoire fait défiler devant les esprits les héros d'hier, entourés de multitudes applaudissantes. Quand Napoléon entra dans Paris , le peuple accourut d'un commun accord, et les vagues d'enthousiasme montèrent comme une crue de montagne. Lorsque Garibaldi entra à Florence, lorsque Kossuth passa devant Broadway à New York, lorsque Grant, rentrant chez lui, entra dans notre propre ville, les rues étaient remplies d'une foule qui oubliait la faim et l'épuisement, exaltée par le culte du héros.

Mais l'homme divin ne s'est jamais manifesté dans toute sa proportion jusqu'à ce que Jésus-Christ vienne sur cette planète. Quelle force ! Quelle douceur ! Voyez sa sympathie exquise ! Voyez l'instinct de confiance qui attirait les petits enfants dans ses bras ! Comment les hommes, souillés à l'intérieur et à l'extérieur, se pressaient-ils autour de lui, tandis que sa présence accomplissait le miracle des miracles en les purifiant ! Alors, pour la première fois dans l'histoire, les personnes échevelées ressentirent tellement la beauté de la bonté qu'un enthousiasme irrésistible les poussa autour de lui pour embrasser jusqu'au bord de son vêtement. Toutes les excellences de la vie, et bien plus encore, s'unissent en Lui ; le discours persuasif de l'orateur ; l'amour de l'artiste pour la beauté ; la passion du savant pour la vérité ; l'amour du patriote pour la patrie. Son amour aussi est plus que l'amour d'une mère, d'une amante ou d'un ami, car son amour est celui du Sauveur . Aujourd'hui, Il s'élève sur chaque âme avec une majesté d'excellence telle qu'elle inclut les excellences de tout ce qui est au ciel et de tout ce qui est sur terre. De même que parfois les nuages, après être restés des jours et des nuits dans l'atmosphère, finissent par se réunir et déverser leurs averses rafraîchissantes, ainsi que tout ce qu'il y a de plus profond, de plus riche et de plus doux dans la pensée et l'affection de l'homme, se déverse devant Celui qui est digne de l'hymne du monde. Car son esprit guidera, sa miséricorde pardonnera , son amour rachètera, sa main conduira non pas dans l'abîme de la mort, mais vers les hauteurs célestes. Celui qui, avec Dante, regarde vers le haut aujourd'hui peut voir le char divin du Sauveur « balayant les confins du ciel, une douce lumière au-dessus de lui, ses roues presque bloquées par des fleurs ».

Conscience et caractère

« Il existe une loi supérieure à la constitution. » — *Seward.*

"Quel que soit le credo enseigné ou la terre foulée,
la conscience de l'homme est l'oracle de Dieu." — *Byron.*

« Travaillez à maintenir vivante dans votre sein cette petite étincelle de feu céleste appelée conscience. » – *Washington.*

« Ne faites confiance en rien à cet homme qui n'a pas de conscience en tout. » — *Sterne.*

"Si vous pouvez trouver une place entre le trône de Dieu et la poussière dans laquelle s'effondre le corps de l'homme, où les responsabilités fatales de la loi ne pèsent pas sur lui, je trouverai un vide dans la nature. Ils pressent sur lui de la part de Dieu de l'éternité. et de la terre à la nature, et de tous les départements de la vie, aussi constants et environnants que la pression de l'air. "- *Beecher.*

IX

CONSCIENCE ET CARACTÈRE

Von Humboldt a dit que chaque homme, aussi bon soit-il, a en lui un homme encore meilleur. Lorsque l'homme extérieur est infidèle à ses convictions les plus profondes, l'homme caché murmure une protestation. Le nom de ce murmure dans l'âme est conscience. Et jamais monarque n'a eu un aspect aussi magistral que lorsque la conscience a terrifié le roi Hérode et l'a poussé à se confesser. Le despote cruel et rusé avait tué Jean-Baptiste pour assouvir la vengeance de la belle Jézabel, sa femme, réprimandée par Jean pour ses péchés scandaleux. Mais bientôt disparut des mémoires cette nuit odieuse où le sang d'un homme bon se mêlait au vin rouge de la fête. Le luxe le jour et les réjouissances la nuit ont fait oublier cet incident haineux. Bientôt, une année entière s'était écoulée dans le palais et sa soyeuse solitude. Un jour, alors que le prophète mort était oublié depuis longtemps, un courtisan assis à la table du roi raconta l'histoire d'un étrange charpentier dont le nom et la renommée résonnaient dans tout le pays.

Qui est-il? » demandèrent les convives en s'arrêtant devant leur vin épicé. Qui est-il? demandèrent les femmes en bavardant sur la nouvelle sensation. Soudain, la conscience toucha un vieux souvenir dans le cœur d'Hérode. Effrayé, le despote se leva du banquet. Comme dans la légende, lorsque le doigt du meurtrier toucha la blessure béante, le sang se remit à couler, témoignage silencieux contre l'ami insoupçonné mais coupable, ainsi la conscience d'Hérode rouvrit son secret coupable. La mémoire, enfonçant une perche crochue dans « l'océan de l'oubli, a évoqué l'acte pâle et noyé ». Le péché oublié depuis longtemps a été révélé dans toute son horrible atrocité. Cela ne servait à rien qu'Hérode fût un sadducéen, l'agnostique de l'Antiquité. Car, lorsque la conscience parlait , tous ses doutes s'envolaient. L'immortalité et la responsabilité étaient claires comme midi. Tenant mille épées à la main, la conscience attaqua le roi coupable. Alors s'accomplissent les paroles de Platon : « Si nous pouvions examiner le cœur d'un roi, nous le trouverions plein de cicatrices et de blessures noires. » Car aucun esclave n'a jamais été marqué par le fléau de son maître, comme le cœur d'Hérode a été fouetté par sa conscience.

Socrate a dit à ses disciples que les faits de conscience doivent être pris en compte avec autant de certitude que les faits concernant le feu, le bois ou l'eau. Nul ne peut nier la condamnation qui pesa sur l'âme d'Hérode ou de Judas, ni l'approbation de la conscience qui transfigura le visage d'Étienne ou de Savonarole martyrisés. Car tout bonheur ne vient que par la paix avec soi-même, avec son passé et avec Dieu. Tous les grands, depuis Eschyle et

Sophocle jusqu'à Channing et Webster, ont mis l'accent sur la conscience de l'homme en tant qu'oracle divin. Laissez les témoins parler. Voici le juge, célèbre dans l'histoire anglaise : Il était devenu son devoir de condamner un serviteur pour le meurtre de son maître. Soudain, devant les spectateurs stupéfaits, le juge se leva et prit place sur le banc des accusés à côté du prisonnier. Il déclara que, trente ans auparavant, dans une province lointaine, il avait ôté la vie et les biens de son maître, et qu'il avait ainsi acquis sa position et son influence actuelles. Bien qu'il n'ait jamais été soupçonné de crime, il suppliait maintenant ses collègues juges de le condamner à la mort à laquelle sa conscience le poussait depuis longtemps. Voici l'étudiant de l'homme et des choses, le Dr Samuel Johnson : Dans son âge avancé et honoré, il retourne à Litchfield pour se tenir la tête découverte du matin au soir sur la place du marché à l'endroit où, quinze ans auparavant, il avait refusé de garder l'étalage de livres de son père. Malgré sa figure grotesque, au milieu des ricanements et de la pluie, sa conscience lui ordonnait d'expier son manquement à la piété filiale. Et voici Channing, l'érudit et voyant : Enfant de six ans, il levait son bâton pour frapper la tortue, comme il avait vu faire des garçons plus âgés. Mais à ce moment-là, une voix intérieure murmura haut et fort : « C'est faux. » Effrayé, le garçon courut chez lui pour se jeter dans les bras de sa mère. "Quelle était la voix ?" Il a demandé. A quoi sa mère répondit : "Les hommes appellent la voix conscience ; mais je préfère l'appeler la voix de Dieu. Et toujours votre bonheur dépendra de l'obéissance à cette petite voix."

Voici également le grand persan Sadi . Un jour, il trouva dans la jungle un homme bon, attaqué par un tigre et horriblement mutilé. Malgré son terrible agonie, les traits du mourant étaient calmes et sereins. « Grand Dieu, dit-il, je te remercie de ce que je ne souffre que des crocs du tigre et non de remords. Et voici le professeur Webster, incarcéré pour le meurtre du Dr Parkman. Un matin, il fit appeler son geôlier et demanda à être placé dans une autre cellule. « À minuit, dit-il, les prisonniers de la cellule voisine tapent sur le mur et chuchotent : « Tu es un meurtrier ». » Il n'y avait plus aucun prisonnier dans la cellule voisine. Les murmures étaient les échos d'une mauvaise conscience.

Daniel Webster témoigne également : On lui a demandé un jour quelle était la plus grande pensée qui lui ait jamais occupé l'esprit. "Qui est ici ?" "Seulement tes amis." Alors cet homme colossal répondit : "Il n'y a aucun mal auquel nous ne puissions faire face ou fuir sans que les conséquences du devoir ne soient ignorées. Un sentiment d'obligation nous poursuit toujours. Il est omniprésent comme la Divinité. Si nous prenons pour nous les ailes du matin et habitons aux extrémités de la mer, le devoir accompli ou le devoir violé est encore avec nous, pour notre bonheur ou notre malheur. Si nous disons que les ténèbres nous couvriront, dans l'obscurité comme dans la lumière, nos obligations sont encore avec nous. Nous ne pouvons échapper à leur pouvoir ni fuir leur présence. Ils sont avec nous dans cette vie, seront avec nous à sa fin, et dans cette scène d'une solennité inconcevable qui se trouve encore plus loin, nous nous retrouverons suivis par la conscience du devoir. — pour nous faire souffrir à jamais si elle a été violée, et pour nous consoler dans la mesure où Dieu nous a donné la grâce de l'accomplir. Comparé à la conscience, le monde lui-même n'est qu'une bulle. Car Dieu lui-même lui prête autorité en conscience.

Nous avons également une dette envers les grands dramaturges et romanciers, dans la mesure où ils ont décrit et analysé les faits essentiels de la vie morale de l'homme. Ce que Shakespeare fait pour nous dans « Macbeth », Victor Hugo le fait dans « Les Misérables ». Cette dernière œuvre, toujours classée parmi les sept grands romans, présente le bonheur et le caractère comme fruits de l'obéissance au cercle intime de l'âme. Jean Valjean était un forçat évadé. En partant dans une province lointaine, il prit un nouveau nom et recommença sa vie. Il inventa une machine, amassa des richesses, devint maire de la ville, fut honoré et aimé de tous. Un soir, le bon maire apprit qu'un vieillard d'une autre ville avait été arrêté pour vol de fruits. L'officier qui l'appréhendait aperçut chez le vieillard une ressemblance frappante avec Jean Valjean. Malgré ses protestations, il fut jugé sous le nom de Jean Valjean et était sur le point d'être incarcéré, cette fois à perpétuité. À moins que quelqu'un ne l' autorise, il doit aller aux galères. Seul Jean Valjean lui-même peut innocenter l'inconnu. Comment le nettoyer ? En avouant son identité et en y allant lui-même.

À cette heure-là, le cerveau du maire chancela. Il se retira dans sa chambre intérieure. Puis la tempête fit rage dans son cerveau alors qu'un cyclone faisait rage à travers les arbres, tordant les branches et arrachant les racines. Doit-il retourner aux galères avec leurs grossièretés et leurs obscénités ? Doit-il démissionner de sa mairie et de sa fortune ? Doit-il renoncer à sa vie, si utile et serviable, et tout cela pour sauver une ou deux années de vie possibles à ce vieil homme ? Ces deux jeunes pupilles qu'il soutenait n'étaient-elles pas plus que cette vieille épave ? Le destin en avait décidé. Que le vieux aille aux galères.

Alors, les muscles tendus comme l'acier, la veine jugulaire toute gonflée et violette, Jean Valjean prit les deux chandeliers que lui avait donnés l' évêque , sa canne épineuse, la pièce de monnaie prise au garçon, et jeta le tout sur les charbons ardents. Bientôt, les flammes eurent tout léché. Puis Victor Hugo dit : "Jean Valjean a entendu un éclat de rire intérieur." Qu'avait-il à se moquer et à se moquer ? A minuit, le maire s'est endormi, épuisé. En rêvant, il lui semblait se trouver dans une salle de justice où était jugé un vieil homme. Il y avait des roses dans le vase, seul le péché avait blanchi les pétales cramoisis en gris. La lumière du soleil passait par la fenêtre, seul le péché avait effacé la couleur du rayon de soleil et laissé les rayons dorés pâles. Tout le monde était silencieux. Enfin un officier toucha le maire et lui dit : « Savez-vous que vous êtes mort depuis longtemps ? Votre corps vit, mais vous êtes mort en tuant votre conscience. Soudain une voix dit : "Jean Valjean, tu peux faire fondre le chandelier, brûler tes vêtements, changer de visage, mais Dieu te voit." Puis vint un deuxième éclat de rire intérieur. Alors le maire se leva vivement, prit son cheval, conduisit toute la nuit et gagna le village lointain pour entrer dans la salle d'audience au moment où le vieillard allait être envoyé aux galères. En montant sur le banc des accusés, il a avoué son identité. Victor Hugo nous raconte qu'à cette heure-là, le juge et l'avocat virent une lumière étrange sur le visage du maire et sentirent une lumière intérieure éblouir leurs cœurs. C'est la même lumière qui tomba sur le visage du moine allemand lorsqu'il dit devant l'empereur à Worms : « Je ne peux pas et je ne veux pas me rétracter ! puis il a affronté avec audace la mort. La conscience qui transparaissait rendait le visage de Luther lumineux, comme elle avait rendu le visage de Moïse avant lui !

De même que l'obéissance aux ordres de la conscience a toujours apporté le bonheur et formé le caractère, de même la désobéissance a toujours détruit la virilité. Les grands romanciers ont montré la détérioration du caractère de leur héros comme commençant par un péché contre le sens du devoir. Dans Romola , George Eliot présente Tito comme un jeune doué et idéal. L'enfant orphelin fut adopté par le savant grec, qui lui prodigua tous les dons d'affection, toute la culture et les embellissements des écoles, tout le confort d'une belle maison ; Et quand le désir de voyager à l'étranger s'empara du jeune homme, le père adoptif ne put le refuser, mais il prit le passage pour Tito et lui et s'embarqua pour Alexandrie. Mais la devise de la vie de Tito était : obtenez tout le plaisir possible, évitez toute la douleur. Bientôt, le vieil érudit devint un obstacle et un fardeau. Une nuit, la conscience s'est battue pour sa vie avec Tito. A minuit, le jeune homme se leva, détacha la ceinture de cuir remplie de bijoux de son père et s'enfuit dans la nuit, laissant l'homme aux cheveux gris parmi des étrangers dont il ne parlait pas la langue.

Puis ce jeune s'embarqua pour Florence. Là, sa belle personne, sa beauté méridionale, sa grâce d'adresse, son aptitude aux affaires, lui valurent l'admiration des hommes d'État les plus sages et le cœur d'une des femmes les plus nobles. Mais tout le temps, nous éprouvons envers ce beau jeune la même haine et le même mépris que nous éprouvons envers un beau jeune tigre. Tito n'avait aucune conscience envers Romola , aucune conscience envers la bibliothèque inestimable de son père, aucune conscience envers les patriotes luttant pour la liberté de la ville ; il a joué le traître envers tous. Son âme était en effet enveloppée dans un corps brillant et magnifique ; mais c'était le cadavre gainé de fleurs et de vignes ; et ainsi la conscience devient une vengeresse de Tito. Lorsque la clé de voûte s'éloigne de l'arche, tout doit s'effondrer en ruines. Inconsciemment mais sûrement, le jeune homme se dirigeait vers sa destruction. Le jour du malheur fut retardé, mais vint une heure où la conscience poussa Tito d'abord dans le courant rapide de l'Arno, puis devint une meule qui l'enfonça dans l'abîme profond. Car notre monde est dans lequel la nature et Dieu ne peuvent se permettre de permettre au péché de prospérer. La conscience est la vengeresse de Dieu.

Ouvrez tous les livres principaux et ils décrivent la même vérité. Trois des sept plus grands romans traitent de conscience. Sept des plus grands drames du monde sont des études sur la conscience et le devoir. Les chefs-d'œuvre de Sophocle et d'Eschyle , de Dante et Milton, de Göethe et Byron, sont autant d'études de l'oracle de l'âme qui, désobéissant, jette l'homme dans l'abîme, ou, suivi, devient des ailes, l'élevant au ciel.

Démosthène disait que la connaissance commence par la définition. Alors, qu'est-ce que la conscience ? De nombreuses idées fausses ont prévalu. Des multitudes supposent que c'est une faculté distincte. L'œil teste les couleurs pour la beauté, l'oreille teste l' harmonie des sons, la raison teste les arguments pour la vérité, et il existe une notion populaire selon laquelle la conscience est une faculté distincte, testant les actes pour la moralité. Beaucoup supposent que, lorsque Dieu a créé l'homme, il a implanté la conscience comme un mécanisme moral automatique, une sorte d'esprit intérieur, pour agir en son absence ; mais la conscience n'est pas une faculté unique. Il comprend de nombreuses facultés et est de nature complexe. Il a un élément intellectuel, clairement faillible et capable d'éducation. Témoin les Indiens, croyant qu'il est juste de tuer des personnes âgées. Soyez témoin des sauvages d'autrefois sacrifiant leurs enfants pour apaiser les dieux. De même qu'il y a eu une évolution des outils, des lois et des institutions, il y a eu une évolution de l'élément intellectuel de la conscience. Thucydide nous dit qu'il était à Sparte une époque où voler était une bonne chose. À cette époque lointaine, un garçon était félicité pour son habileté et sa dextérité à voler. Le vol n'était honteux et mauvais que lorsqu'il était découvert, et, si le vol était important et habilement commis, il gagnait l'honneur - une condition de choses qui prévaut encore dans certaines sections.

Jamais, depuis que l'homme a mis le pied sur cette planète, il n'y a eu un moment où la conscience, le juge, n'a loué un David pour avoir péché contre ce qu'il croyait être la loi du droit ; jamais une seule fois il n'a condamné un Daniel pour avoir fait ce qu'il croyait être juste. En ce sens, la conscience est en effet infaillible et est la voix même et le régent de Dieu.

Puisque donc la conscience participe de cette nature divine et parle comme un oracle, quels sont ses usages et ses fonctions ? Principalement, le sens moral fournit une norme et teste les actions pour déterminer si elles sont justes ou iniques. À son siège de jugement vient la raison, avec ses objectifs et ses ambitions. Lorsque son sens des couleurs est blasé, l'artiste utilise le saphir ou le rubis pour amener ses teintes à la perfection. Et lorsque le contact avec l'égoïsme ou la sordide a souillé les vêtements de l'âme, émoussé ses instruments et abaissé ses normes, alors la conscience intervient pour rafraîchir les idéaux et frapper le vice et la vulgarité. En ces heures lumineuses où la conscience fait prévaloir les convictions les plus profondes, comme la vérité, la pureté et la justice semblent belles ! Comment l'âme se révolte-t-elle devant l'iniquité, comme l'œil se révolte contre la mue ou la narine contre la saleté !

La conscience a aussi des relations avec le jugement. Il se prononce sur le motif intérieur qui colore les actes, car c'est le motif intérieur qui rend les actions sans bien ni mal. Lorsque Coleridge, l'écolier, marchait dans la rue en pensant à l'histoire d'Héros et de Léandre et en s'imaginant nager dans l'Hellespont, il écartait les bras comme s'il affrontait les vagues. Malheureusement, sa main a heurté la poche d'un passant et a fait tomber un sac à main. L'acte extérieur était celui d'un pickpocket et aurait pu envoyer le jeune en prison. Le motif intérieur était celui d'un jeune imaginatif profondément impressionné par l'histoire qu'il traduisait du grec, et ce motif intérieur fit du propriétaire de la bourse son ami et envoya le jeune Coleridge à l'université. Ainsi, nous dit le philosophe, le motif a fait que ce qui était extérieurement mauvais était intérieurement juste.

La mémoire est également influencée par la faculté morale. La mémoire rassemble tous nos hiers. Souvent, son écriture est invisible, comme celle d'un plume écrivant avec du jus de citron, prenant note de chaque transgression et enregistrant les mots qui apparaîtront lorsqu'ils seront soumis à la chaleur du feu. Très étrangement, la conscience fait ressortir les processus de la mémoire. Sir William Hamilton parle d'un petit enfant amené en Angleterre à l'âge de quatre ans. Après quelques brefs étés et hivers passés au-dessus de sa tête, la langue de la lointaine Russie avait complètement disparu de l'esprit de l'enfant. Soixante-dix ans après, atteint de sa dernière maladie, dans son délire, l'homme parlait avec une parfaite aisance le langage de l'enfance. Dans les moments d'extrême excitation, lorsque les navires coulent ou que la mort est imminente, la conscience vivifie tellement l'esprit que tous les actes et toutes les pensées d'une carrière entière sont passés en revue en quelques minutes. Les chercheurs ont été profondément impressionnés par ce fait unique. Cherchant à l'interpréter, Walter Scott nous emmène dans le château où un ignoble meurtre a été commis. Le courant rouge tachait le sol si profondément que, même si les domestiques récuraient, récuraient, rabotaient et rabotaient, des taches rouges ternes suintaient à travers les planches de chêne. C'est la manière du grand Écossais de dire que nos actes souillent la fibre et la substance mêmes de l'âme.

En regardant en arrière, on ne voit que çà et là un pic de mémoire se dressant au milieu de la mer de l'oubli, comme les îles des Antilles se détachent au milieu de l'océan. Mais chacun de ces sommets insulaires représente un continent submergé. La mer s'écoule, et les montagnes s'éloignent vers les contreforts et les collines vers les grandes plaines qui constituent la terre cachée. Ainsi les souvenirs isolés du passé sont tous unis et finiront par se manifester dans une révélation parfaite. En vérité, la conscience est témoin, prenant secrètement des notes, de même que le bon Latimer, dans sa cellule, a entendu le grattage du stylo dans la cheminée derrière le rideau. La conscience est un juge et, même si les jurés acquiescent et les témoins peuvent être soudoyés, la conscience ne sommeille jamais et ne dort jamais. La conscience est un monarque, et même si aujourd'hui le roi de l'âme est déposé de son trône, demain elle montera au tribunal et lèvera le sceptre. Car la conscience représente Dieu et agit à sa place.

Considérez le fonctionnement de la conscience dans la vie quotidienne. L'homme idéal est celui qui est également consciencieux envers l'intellect et l'affection, envers le plan et le but. Mais dans la vie pratique, les hommes ne sont chrétiens que par endroits et par départements. L'âme peut être comparée à une maison, et la conscience en est la fournaise. Parfois, le maître de maison chauffe le salon et le salon, mais dans les autres pièces, il coupe les courants d'air chaud. Parfois, la chaleur est transmise aux pièces supérieures, tandis que les pièces inférieures sont froides. Ainsi, la conscience, qui devrait gouverner toutes les facultés de la même manière, est en grande partie départementale dans son fonctionnement. Certains hommes sont consciencieux envers le dimanche, mais pas envers les jours de la semaine. Le dimanche ils chantent comme des saints, le lundi ils se comportent comme des démons. Le matin du massacre de la Saint-Barthélemy, Charles IX se montra consciencieux envers la cathédrale et assista à la messe pendant trois heures ; le soir, il remplissait les rues de Paris de rivières de sang. Jean Calvin était consciencieux envers son système logique. Il était très fidèle à sa théologie, mais il n'avait aucune conscience envers ses semblables et brûlait Servet sans un frémissement de sympathie.

Au Moyen Âge, la conscience travaillait vers les formes extérieures. A cette époque, le baron et le prêtre passaient un contrat. Le général conduisait ses paysans brûler, piller et tuer, et le prêtre absous les meurtriers pour cinq pour cent des bénéfices. Les hommes étaient très consciencieux envers l'absolution, mais pas du tout envers les troupeaux et les granges du voisin. Pour d'autres, la conscience est en grande partie une superstition. Récemment, un officier de notre armée s'est retrouvé assis à côté de son hôte à une table contenant treize convives. Le soldat, qui aurait peut-être bravé la mort sur le champ de bataille, avait la conscience blessée d'être assis à une table où les convives étaient au nombre de treize. Mais il avait peur de mourir à table. Il croyait que le grand Dieu qui fait voler les soleils, les étoiles et les planètes flamboyantes de sa main comme des étincelles sous le marteau d'un forgeron, le dieu de Sirius et d'Orion, arrêtait toujours son travail à six heures pour compter les invités autour de chacun. table, et s'il en trouvait par hasard treize, alors il lèverait sa flèche vers l'arc pour lancer le trait mortel sur ces horribles pécheurs, contre la loi des douze chaises ou de quatorze.

Chose singulière, il arrive de temps en temps qu'un individu soit soucieux d'un certain charme, comme dans le cas d'un commerçant qui découvre bientôt qu'il a oublié son Buckeye chez lui. Il portait cela depuis vingt ans. S'il avait oublié de prier, il ne serait pas rentré chez lui pour tomber à genoux. La nature et Dieu étaient dans la caisse du marchand, mais pas le Buckeye. Il quitta donc précipitamment son bureau pour ramener l'agent qui assurait tout son succès et sa prospérité.

Ensuite, il y a une conscience commerciale. Certains hommes estiment que la loi du droit s'impose principalement à l'homme dans ses relations commerciales. Ils s'exilent de chez eux, enfreignent les lois de l'amour et de la camaraderie avec la femme qu'ils se sont engagés à chérir et à aimer, jusqu'à ce qu'ils lui deviennent des étrangers. Mais la conscience ne les pique pas. La maison, les amis, la musique, la culture, tout cela peut être négligé, mais les affaires, jamais. Il y en a d'autres dont la conscience travaille en grande partie vers le foyer. Lorsqu'ils franchissent leur propre seuil, ils sont géniaux, gentils et charmants. En tant qu'hôtes, ils sont réputés pour leur camaraderie. En mourant, leur renommée est rassemblée par les expressions : « bon mari, bon père, bon pourvoyeur ». Mais ils n'ont aucune conscience envers la rue. Ils considèrent les autres hommes comme leurs proies, étant cupides, cupides et avares. Ils ressentent pour leurs semblables ce que les hommes ressentent pour le bois de la forêt. Lorsqu'un homme veut du bois pour sa maison, il dit : « C'est l'arbre que je veux », et le bûcheron l'abat et l'équarri pour le rebord. Veut-il de la pierre pour ses fondations ou du marbre pour ses finitions ? Il y a les rochers ; les extraire. Les hommes vont dans la nature inanimée et obtiennent les matériaux dont ils ont besoin. Il n'en va pas non plus très différemment dans le grand monde des affaires et de l'ambition. Le géant prend un homme pour fondation, le coupe et le construit dans les murs ; il sélectionne un autre homme et l'épuise, construisant sa substance dans la structure ; il considère ses semblables comme le berger de ses troupeaux : tant de laine à tondre.

Le travail de la conscience n'est pas non plus très différent dans le domaine moral et spirituel. Voici un homme consciencieux envers hier. Il y a dix ans, dit-il, « alors qu'il était à genoux dans un champ, la lumière traversait les nuages » et il a obtenu « un espoir ». Et depuis ce jour, chaque dimanche, il ne manque pas de rappeler cette scène. Il n'est pas consciencieux à l'idée de vivre une expérience nouvelle, fraîche, vive et vitale pour aujourd'hui, mais il est consciencieusement fidèle à se remémorer cette ancienne expérience. C'est aussi stupide que s'il disait qu'il y a dix ans il a pris un bain, ou qu'il y a dix ans il a bu à la source bouillonnante, ou qu'il y a dix ans il a rencontré un ami. Qu'en est-il de la pureté d'aujourd'hui, du pain d'aujourd'hui et des amitiés d'aujourd'hui ? Le cœur ne devrait compter aucune manne bonne qui ne soit recueillie fraîche chaque matin. Il y en a d'autres dont la conscience travaille en grande partie vers la doctrine et les déclarations intellectuelles. Pour eux, le christianisme est une fonction de la pensée dans le cerveau. Ce sont eux qui veulent que chaque sermon soit constitué d'arguments liés. Le bon diacre s'assoit sur son banc et écoute se dérouler les preuves d'élection ou de préordination. Lorsque les arguments s'accumulent jusqu'à seize ou dix-huit, l'homme bon se met à rire de joie en disant : « En vérité, c'est un grand jour en Israël ; mon âme se régale de choses grasses. » D'autres hommes veulent un peu de chair sur leur squelette, mais lui se nourrit des os secs de la logique.

Parfois, la conscience n'affecte que les sentiments. Il y a cinquante ans , il existait un type de centaines de milliers de personnes dont la religion était en grande partie émotionnelle. Dans de grands camps-meetings remplis d'une atmosphère chaleureuse, les hommes se sont montrés à leur meilleur. Le moment ensoleillé de toute l'année était le mois des réunions de réveil. Ensuite, ils ont expérimenté le luxe de la jouissance spirituelle. Ils vivaient au sommet d'un certain Mont de la Transfiguration, tandis que le monde en bas grondait de méchanceté et tourmenté de passion. Les hommes s'enivraient d'émotions. La religion était une forme exquise d'égoïsme spirituel. Vint ensuite une époque où les hommes apprirent à transmuer leurs sentiments en pensées et en fidélités envers les amitiés, les affaires et le devoir. À d'autres moments, la conscience a eu des manifestations uniques dans la fidélité aux croyances. Tantôt une dénomination, tantôt une autre, oubliant d'être consciencieuses en se réunissant pendant des jours et des semaines pour planifier dans l'intérêt des pauvres, des orphelins, de l'immeuble ou du quartier étranger de la grande ville, manifesteront, au cours de mois d'excitation, leur conscience envers un symbole doctrinal. Soyez témoin du récent bouleversement en matière d'inspiration. De même que l'eau qui jaillissait de la source était autrefois une pluie tombant du ciel, de même la vérité venant des lèvres du poète ou du prophète fut d'abord insufflée dans le cœur par Dieu. Récemment, un bon professeur a estimé qu'il fallait mettre davantage l'accent sur la source humaine. Mais ses adversaires estimaient qu'il fallait mettre l'accent sur le ciel d'où tombait la pluie. Dans le débat sur la nature de l'eau, la source elle-même fut souillée, beaucoup de boue remuée, jusqu'à ce que des multitudes oublient complètement la source, et beaucoup ne savaient pas s'il y avait de l'eau de vie.

Mais pour certains, la conscience signifie la fidélité à ce que l'homme et à Dieu ont fait – et non à ce que Dieu fait ou fera. Lorsque la sève qui coule sous l'impulsion du soleil fait croître l'arbre et fend l'écorce, les hommes se réjouissent que l'écorce soit déchirée et qu'il faille y insérer de nouvelles pousses plus grosses. Parfois un enfant, longtemps faible et malade, entre dans une période de croissance très rapide. Bientôt, les vieux vêtements du garçon deviennent trop petits, tout comme son chapeau. Et si les parents se souvenaient seulement que les vêtements et le chapeau provenaient d'un modèle célèbre ? Et si, dans leur zèle pour préserver le chapeau, ils mettaient une bande de fer autour du front du garçon et ne la permettaient jamais de s'agrandir au point que le chapeau ne rentre plus ? Et s'ils mettaient une camisole de force autour de la poitrine pour retenir la stature ? Cela montrerait un grand zèle pour le chapeau et le manteau, mais en attendant, que va devenir le garçon ? Il est étrange que les hommes soient si consciencieux à l'égard d'un symbole intellectuel, mais oublient de donner liberté à la conscience des autres hommes qui cherchent jour et nuit à plaire à Dieu et à être fidèles à leurs croyances. Ainsi, à bien des égards, la conscience est partielle et fragmentaire dans son fonctionnement. Un seul homme entièrement orbital a jamais foulé notre terre !

Le don suprême de Dieu à l'homme est le don de la conscience. La raison est une faculté noble et royale, qui change les rêveries en discours et les conversations en livres. L'imagination est un don majestueux et divin, transformant les pensées en poèmes et les blocs de pierre en statues. Grand est le pouvoir d'une langue éloquente instruisant les hommes, retenant, inspirant, stimulant de vastes multitudes. Grandes sont les joies de la mémoire, cette galerie remplie d'images du passé. Mais il n'y a pas de génie d'esprit ou de cœur comparable à une conscience vigoureuse, magistrale, aux yeux clairs, aux yeux écarquillés. Celui qui a donné une raison qui comprend tout, qui juge tout, a réservé son meilleur don pour le dernier, puis a donné le don de la conscience.

L'homme est un pèlerin et la conscience est son guide, le conduisant en toute sécurité à travers les forêts et les fourrés, l'éloignant des sentiers du mal, lui indiquant les voies du bien. L'homme est un voyageur et sa conscience est sa boussole. Les voiles peuvent être balayées et les moteurs arrêtés, mais le voyageur peut être sauvé si seulement la boussole est conservée. En période de danger, l'homme peut négliger ses vêtements, mais pas ses mains, ses pieds ou ses yeux. Il est possible de supporter la perte de richesses, d'amis et d'honneurs extérieurs, mais aucun homme ne peut supporter la perte de conscience. C'est l'œil de l'âme. Au loin, il voit le visage de Dieu. Instruit, guidé, aimé et racheté par Jésus-Christ, celui qui, tout en vivant, est en paix avec son Maître et avec sa conscience, se retrouvera en mourant en paix avec son Dieu.

VISIONS QUI PERTURBENT LE CONTENTEMENT

"Comme d'autres garçons de Boston doucement élevés, Wendell Phillips a commencé l'étude du droit. Sans aucun doute, les sirènes chantaient pour lui, comme pour la jeunesse noble de tous les pays et de toutes les époques. En réfléchissant à Coke et Blackstone, peut-être se voyait-il succéder à Ames, Otis et Webster. , l'idole de la société, l'orateur applaudi, le brillant champion de l'aisance élégante et du conservatisme cultivé du Massachusetts. * * * Mais un jour d'octobre, il vit un citoyen américain assailli par une foule furieuse dans la ville de James Otis pour avoir dit avec James Otis que le droit d'un homme à la liberté est inhérent et inaliénable. Alors que les portes de la prison se fermaient sur Garrison pour lui sauver la vie, Garrison et sa cause avaient gagné leur allié le plus puissant et le plus renommé. Avec le coucher du soleil d'octobre, disparut à jamais le carrière d'aisance prospère, satisfaction d'une ambition ordinaire, que le génie et les réalisations de Wendell Phillips semblaient prédire. Oui, le client tant attendu était enfin arrivé. Marqué, méprisé et abandonné, ce client craintif et sans amis a été lésé. et l'humanité dégradée. La grande âme a vu et compris. "— *Discours sur Wendell Phillips par George Wm. Curtis.*

X

VISIONS QUI PERTURBENT LE CONTENTEMENT

Chaque communauté abrite quelques âmes heureuses et dynamiques, si soutenues par l'espoir intérieur et la prospérité extérieure qu'elles semblent être les enfants élus de la bonne fortune. Ce sont ceux qui ne sont nés que pour les meilleures choses, pour qui, à mesure que la vie avance, les années ne font qu'augmenter le bonheur et la réussite. Pour d'autres hommes, le bonheur est occasionnel, et la vie offre de temps en temps un intervalle lumineux, de même qu'une clairière ouverte se trouve ici et là dans la forêt sombre. Parmi ces âmes ensoleillées, vivant dans une prospérité constante, empressons-nous d'inclure cette jeunesse à qui le Christ a fait des ouvertures d'amitié. C'était une nature franche et ouverte, un cœur frais et intact. Il avait aussi une certaine grâce et un charme indescriptible qui le revêtaient d'un attrait rare. La richesse aussi lui appartenait, avec tous les avantages qui en découlent. Pourtant l'aisance ne l'avait pas énervé, ni la position ne l'avait rendu fier. Il avait en effet traversé les feux féroces de la tentation, mais en était ressorti avec des vêtements impeccables.

En le voyant, Christ l'aimait; et il ne pouvait en être autrement. Certains hommes que nous nous forçons à aimer. Pour des raisons financières ou d'avantages sociaux, les hommes ignorent leurs défauts, tout en entretenant une secrète aversion. Mais d'autres sont si attirants qu'ils contraignent notre amitié par une certaine douce nécessité. L'œil doit avoir besoin de la riche rose rouge, et l'oreille ne peut qu'apprécier la douce chanson. Et ce jeune homme se présenta vêtu d'une attirance si rare qu'on dit que le Christ jeta sur lui un long regard d'affection ; puis, élargissant le cercle de l'amitié, il y offrit au jeune souverain une place. C'était une ouverture comme celle que Socrate fit au jeune Platon ; c'était une offre comme celle que Michel-Ange faisait au pauvre jeune artiste qui frappait à sa porte. Se souvenant du jour où il a rencontré Göethe , Schiller avait l'habitude de dire que sa carrière littéraire créative avait commencé avec la proposition d'amitié de Göethe .

Carlyle nous raconte que chaque nouvelle époque de sa vie commençait par la rencontre d'un grand homme. Car il n'est donné ni aux livres ni aux affaires, ni aux paysages, ni aux nuages, ni aux forêts, d'avoir le plein pouvoir sur l'homme vivant. Seul l'esprit peut vivifier l'esprit, seul le cœur peut vivifier le cœur. Que ne donnerait pas la jeunesse de génie pour l'amitié de quelque Bacon ou de quelque Shakespeare ? Mais lorsque ce jeune homme gagna le regard du Christ, ce fut comme si tous les enfants du génie s'étaient réunis dans la seule personne du Christ, pour offrir intimité et camaraderie. Sa grande âme surplombait ses amis alors que les récoltes envahissaient les champs, « remplissant les fleurs de chaleur le jour et les rafraîchissant de rosée la nuit ». Son amitié est comme celle d'une mère, d'un amant, d'un ami , mais plus grande et plus profonde que tout. Le lever d'une étoile qui brille et scintille de dix mille effets peut seul être comparé à ce Fils de l'Homme, qui a allumé sur ses amis une telle majesté de beauté, une telle royauté d'influences enflammantes.

Pendant des siècles, les érudits ont parlé de cet entretien entre le Christ et le jeune dirigeant comme du « grand refus ». Dante, errant avec Virgile à travers l'Enfer, crut voir ce jeune souverain à la recherche de son opportunité perdue. Car ce dirigeant était le Hamlet du Nouveau Testament. Comme le prince de Danemark, il se tenait à mi-chemin entre sa conscience et sa tâche, et l'indécision le tua. On a dit qu'Hamlet aurait pu être heureux s'il était resté dans l'ignorance de son devoir, ou s'il avait obéi avec audace à la vision qui l'appelait à l'action. C'est parce qu'il en savait plus qu'il n'avait le courage de le faire qu'une discorde surgit, qui détruisit la symétrie et la raison de son esprit. Sa folie est née du fossé entre son sens élargi et obsédant du droit et sa capacité chancelante à y faire face et à l'accomplir. Ainsi, la tragédie de la vie de ce jeune dirigeant provenait également du fait que la nouvelle aspiration rendait son ancien contentement impossible et le contraignait soit à avancer avec audace vers de meilleures choses, soit à retourner au vide et à la misère. En le voyant, le Christ l'aimait pour ce qu'il était et lui montrait ce qu'il pourrait devenir. Il savait que le meilleur était le grand ennemi du meilleur. Car le Christ avait la double vision du sculpteur.

Devant lui se trouvait la masse de marbre, grossière et informe. Mais l'informe extérieure cachait la symétrie intérieure. Seuls les éclats volants pouvaient libérer la forme de beauté éclatante cachée à l'intérieur. Et avant ce jeune homme, il avait une vision de choses encore meilleures. Il plaça le jeune homme à mi-chemin entre l'homme qu'il était et celui qu'il pourrait devenir. Il avait accompli tellement de choses que le Christ désirait le conduire à la perfection même. Lorsque le laboureur voit ses vignes entrer en feuillage et en fleurs, il les nourrit et les nourrit jusqu'à ce qu'elles portent des fruits. Lorsqu'Arnold trouve un jeune Stanley prêt à obtenir son diplôme, il murmure : « Une chose te manque ; que ta vie devienne une quête avide de connaissances. » Et à ce jeune qui avait grimpé si haut est venue la vision de quelque chose de plus juste et de meilleur encore.

Auparavant, le Christ l'attirait, tout comme autrefois la déesse attirait le garçon grec en faisant rouler des pommes roses le long du chemin. Mais l'entretien s'est terminé par un « grand refus ». Et le jeune homme s'en alla, non pas en colère ni rebelle, mais triste et profondément peiné contre lui-même. Pour l'instant, il savait à quel point ses aspirations dépassaient la performance. Comme Hamlet, l'indécision paralysait l'action. Le contentement périt, car la vision de la perfection le hantait toujours. Au début, les paroles et le regard sincère d'affection du Christ remplissaient son cœur d'un tumulte de joie : mais étant retombé dans son ancien moi sordide, le souvenir même du visage de son maître devint une malédiction et une torture. Et ainsi la vision gâchée qui aurait dû être une bénédiction.

Or, la vie des grands hommes nous dit que Dieu a toujours utilisé des visions pour perturber le contentement, détruire la facilité et assurer le progrès. Soyez témoin de la vie de ce jeune patricien, Wendell Phillips. Ses camarades d'université adorent le décrire tel qu'ils l'ont vu pour la première fois dans les couloirs de Cambridge. Sa personne élégante, ses manières accomplies, son érudition raffinée en faisaient l'idole des garçons de Harvard. Même dans sa jeunesse, il excellait comme orateur et était le maître facile de l'estrade. Mais à lui venaient les sirènes chantant les loisirs, l'opulence et l'ambition. Il attendait souvent avec impatience le jour où il serait le champion du « repos élégant et du conservatisme cultivé » de l'élément patricien dans son État patricien. Mais soudain le Christ, en la personne d'un de ses petits, croise le chemin du jeune érudit. Par un après-midi doré d'octobre, alors que Wendell Phillips était assis dans son bureau, il entendit le bruit d'une étrange perturbation dans la rue. En regardant dehors, il a vu la foule maltraiter Garrison et, à coups de pied et de coups de pied, ils l'ont traîné vers la prison. Toute la nuit, le jeune Phillips resta allongé sur son canapé, pensant sans cesse à cet homme qui avait été attaqué dans la ville où Otis avait déclaré : « La liberté d'expression est inaliénable ».

Toute cette nuit-là, la vision de l'esclave, marqué, méprisé et abandonné, resta devant son esprit, tandis qu'il entendait toujours une voix murmurer : « Dans la mesure où vous l'avez fait à l'un de ces plus petits de mes frères, vous l'avez fait à moi." Dans cette heure de vision périrent à jamais tous ses rêves d'opulence et de facilité. Il décida de tourner le dos à toute préférence et à toute ambition, à tout confort et à tout loisir, et de suivre sa vision partout où elle le menait. Bientôt, la vision le conduisit à la tribune de Faneuil Hall, où un fonctionnaire justifiait les assassins de Lovejoy. « Monsieur le Président, » dit-il, « quand j'ai entendu le monsieur énoncer des principes qui plaçaient les meurtriers d'Alton côte à côte avec Otis et Hancock, avec Quincy et Adams, j'ai pensé que ces lèvres représentées auraient éclaté pour réprimander le américain recréant, le calomniateur des morts. Et cette vision a donné à ses paroles une éloquence si brûlante que le discours de Wendell Phillips à Faneuil Hall se classe au même rang que celui de Patrick Henry à Williamsburg et d'Abraham Lincoln à Gettysburg — et il n'y a pas de quatrième. Sa vision l'a également conduit à l'opprobre. Quelles injures ! Quelle haine amère ! Quelles insultes et quelles moqueries ! Finalement, cette vision le conduisit à la gloire. La ville même qui aurait voulu le tuer a construit son monument, et des hommes qui autrefois ne souillaient pas leurs lèvres avec son nom enseignaient à leurs enfants le chemin de son tombeau. C'est cette vision splendide qui a sauvé Phillips d'un contentement détrempé. Si le Christ n'avait jamais croisé son chemin, son imagination aurait perdu son image la plus brillante, sa vie ses élans les plus nobles, ses forces les plus énergiques.

Et les visions ne sont pas les seules à avoir le pouvoir de façonner la vie des jeunes hommes. Aux hommes mûrs et aux grands viennent aussi des rêves d'excellence idéale, frappant l'égoïsme, réprimandant le péché, ôtant la douceur du succès sordide et poussant les hommes à des réalisations plus élevées. Les biographes n'ont jamais été capables de rendre pleinement compte de la tristesse et de la tristesse pathétiques des derniers jours de Daniel Webster. Horace Greeley a dit un jour que « l'intellect de Webster est la plus grande émanation de l'esprit Tout-Puissant aujourd'hui incarné ». Pour sa majesté pittoresque et sa mentalité écrasante , il est sans aucun doute notre figure la plus frappante. Cette tête énorme et belle, ces yeux merveilleux, cette allure majestueuse, ce front semblable à celui de Jupiter, ont amené les hommes à l'appeler « le Daniel divin ». Lorsqu'il apparut sur le Strand à Londres, une grande foule le suivit, et un homme d'État britannique décrivit Webster comme on décrit un paysage majestueux ou la sublimité d'une montagne. Mais durant les dernières années de sa vie, son visage prit une tristesse étrangement pathétique. Avec le langage d'un Dante, son biographe nous a décrit un Enfer, dans lequel nous voyons quelqu'un, sublime de raison, marchant dans la fleur de l'âge, la force et la grandeur de la pleine virilité, et pourtant marchant dans la nuit, dans un royaume de amertume, toujours rongée par la déception et consumée par une ambition farouche. Il sombra dans sa tombe, dit l'historien, « sous un poids déchirant de désespoir politique ».

Mais une ambition déçue ne peut expliquer la tristesse et le malheur de Daniel Webster. Il a eu la force de supporter la perte d'une nomination. Il savait que son titre de « Défenseur de la Constitution » équivalait pleinement à celui de Président. C'était un homme trop grand pour avoir le cœur brisé par la perte de son honneur politique. Quel était son malheur ? Souvenons-nous du jeune dirigeant qui était triste et attristé après avoir rencontré le Christ et qui avait refusé d'obéir à la vision céleste. Souvenons-nous du rêve que fit Pilate et comment, par la suite, le grand Romain fut inquiet et agité. Et Daniel Webster se souvient de son discours en faveur d'une loi obligeant les hommes du Nord à renvoyer les esclaves fugitifs à leurs maîtres ; et là aussi vinrent les paroles du Christ, qui dit : « Je suis venu pour délivrer le captif ». Et en regardant vers l'avenir, Webster a anticipé le jugement des générations sur la rupture entre son devoir et sa performance. Cette vision de choses supérieures le hantait. Il poussait souvent des soupirs de regret amer. Daniel Webster était attristé et profondément attristé par ce qu'il avait lui-même fait. Pour l'espoir de la présidence , il sacrifia ses convictions d'esclave. La vision céleste lui ordonnait de délivrer les captifs et non de les renvoyer en esclavage. Aucune déception politique n'a écrasé Daniel Webster. La conscience du devoir accompli l'aurait soutenu dans n'importe quel chagrin. C'est la conscience d'avoir péché contre la vision céleste qui lui a brisé le cœur et a amené les cheveux gris de Webster de chagrin jusqu'à la tombe !

Plutarque nous dit que la meilleure culture vient de l'étude des hommes dans leur meilleure humeur. Mais les meilleures humeurs de la vie proviennent toujours de ces visions célestes. George Eliot fait en sorte que le destin de chaque héros ou héroïne dépende de l'utilisation de ces heures critiques où un idéal se présente à l'âme pour l'accepter ou le rejeter. Pour Maggie Tulliver vint un moment délicieux où son amant lui offrit un mariage honorable et l'aurait conduite dans un jardin parfumé de bonheur parfait. Mais juste à cette heure où la joie bouillonnait comme une petite source dans son cœur, lui vint le souvenir du garçon infirme, à qui des années auparavant, dans son enfance, elle avait prêté serment. Et la vision de son devoir et la pensée de sa déception la conduisirent à refuser la coupe épicée du plaisir, et à choisir le renoncement à soi et une vie pour les autres. Cette vision céleste l'a sauvée de la plongée dans l'abîme de l'égoïsme, alors même que l'éclair dans la nuit noire révèle le précipice au voyageur surpris.

Et lorsque les visions divines ont réprimandé l'égoïsme, elles vont à la conquête du péché. Hawthorne utilise la vision pour racheter son héros. Arthur Dimmesdale, poursuivi par son ennemi, a rêvé de liberté, lorsque, voyageant vers un pays étranger avec Hester et Pearl, il pourrait retrouver la santé et le bonheur et retrouver la paix en marchant sur les chers vieux chemins de la sagesse et de l'étude. Mais la veille du départ de son navire, une vision splendide lui est venue lui demandant de monter sur l'échafaud, d'avouer ses torts et de libérer sa conscience de sa culpabilité. Et c'est son obéissance qui a racheté sa vie de l'hypocrisie.

Et après avoir sauvé les hommes du mal, la vision continue en assurant leur service pour le bien. Voici cette femme de couleur, Harriet Tubman, que John Brown a présentée à Wendell Phillips comme la personne la meilleure et la plus courageuse de notre continent. Si Frederick Douglass travaillait le jour, Harriet Tubman travaillait la nuit ; car quand l'homme avait des louanges et des honneurs, la femme noire n'avait que l'obscurité et la négligence. Lorsque la plus courageuse de sa race s'est échappée de l'esclavage en 1850 et a atteint le Canada, elle s'est exclamée avec exultation : « Je n'ai plus qu'un voyage à faire : le voyage vers le ciel. Mais à cette heure où les marées de joie montaient à leur plus haut niveau, vint la vision la rappelant au danger et au service. Elle ne désobéit pas, mais tourna de nouveau son visage vers les champs de coton. Entre 1850 et 1860, elle effectua dix-neuf voyages dans le Sud et sauva plus de trois cents esclaves.

Un jour, alors qu'elle gisait dans un marais avec sa bande de fugitifs, un homme noir lui annonça qu'une récompense de 40 000 dollars avait été offerte par les marchands d'esclaves de Virginie pour son arrestation. Pressée par ses poursuivants, elle envoya ses fuyards par une route secrète et se dirigea elle-même vers le train. Mais quand elle a vu dans la voiture des annonces pour son arrestation , elle a quitté le train du Nord et a pris le suivant en direction du sud, pensant par son intrépidité échapper à la détection, et aussi rassembler une nouvelle bande de fugitifs. C'est ainsi que son peuple en est venu à appeler Harriet Tubman le Moïse de la race noire. Et, par la suite, la vision l'a élevée à une place parmi ceux que le monde ne laisserait pas volontairement mourir.

Lorsque la vision a racheté les méchants pour qu'ils fassent de bonnes actions, elle continue à racheter les bons pour qu'ils soient parfaits. Voici Channing, avec son érudition cultivée, ses manières raffinées, sa douce bonté. L'étude des brouillons était si lourde qu'il arriva un jour où le simple fait de prononcer ses sermons et ses discours le laissa physiquement épuisé. Mais il quitta la chaire en souriant et pour toujours, et renonça également à l'usage de sa plume. À cette heure où le chagrin et la tristesse pesaient lourdement sur ceux qui l'aimaient, la vision brillait clairement pour Channing. Il a décidé de transformer toute sa vie en sermon et en poème. Avec une éloquence pathétique, il dit : « Il m'est en effet interdit d'écrire ou de parler, mais non d'aspirer et d'être. De vivre avec de petits moyens ; de rechercher l'élégance plutôt que le luxe, et le raffinement plutôt que la mode ; d'être digne, ni respectable, ni riche, ni riche ; faire tout avec joie, tout supporter avec courage ; écouter les étoiles et les oiseaux, les bébés et les sages, avec un cœur ouvert ; étudier dur, penser tranquillement, agir franchement, parler doucement, attendre les occasions, ne vous précipitez jamais — en un mot, laissez le spirituel, involontaire et inconscient, grandir à travers le commun — ceci doit être ma symphonie.

Dans notre nation est également venue cette vision inquiétante. Notre époque est appelée une époque de troubles. Nous entendons beaucoup parler de mécontentement social. Derrière toute cette activité et toute cette agitation extérieure se cache une profonde tristesse. Ni la richesse, ni le plaisir, ni la politique n'ont réussi à cacher la lassitude du monde. Curieusement, juste à une époque où la prospérité augmente considérablement, où nos maisons regorgent de confort et de commodités, où toutes les forces de la terre, de la mer et du ciel se sont prêtées à l'homme comme serviteurs volontaires, pour transmettre ses messages, faire ses courses. , récolte ses récoltes, tire ses trains et pousse ses navires ; à une époque où mille instruments de raffinement et de culture ont été inventés, juste à cette époque, curieusement, l'inquiétude et l'inquiétude se sont abattues sur notre peuple. Pourquoi notre époque est-elle si triste ?

Schopenhauer a-t-il porté le jugement de l'humanité selon sa devise favorite : « Il est plus sûr de faire confiance à la peur qu'à la foi ? » Est-ce parce que notre époque a perdu la foi en Dieu ? Le doute et le scepticisme ont-ils brûlé la rosée divine de l'herbe et l'ont-ils laissée flétrie et brune ? Non, mille fois non !

Le monde est triste parce qu'il a trouvé Dieu et non pas l'a perdu. L'homme est fatigué au milieu de sa richesse et de ses plaisirs pour la même raison que le jeune dirigeant était affligé et triste au milieu de ses grandes possessions. Notre époque a vu cette vision splendide, mais elle s'arrête indécise, n'étant pas encore disposée à continuer et à réaliser ses nouveaux idéaux. Pour ceux qui ont des yeux pour voir, Jésus-Christ se tient à nouveau sur le marché et dans la rue. Il a donné à la société une nouvelle vision de la terre comme d'un paradis possible, rempli de fruits de paix et d'abondance là où personne ne connaît l'excès et où personne ne connaît le manque. Il a donné une vision de la fraternité des hommes et de la paternité de Dieu, et cette vision a détruit l'ancien contentement. Nos pères étaient heureux parce que ce qu'ils faisaient suivait le rythme de ce qu'ils voyaient. Et nous sommes malheureux parce que nous ne voulons pas faire ce que nous voyons.

Cette vision de l'excellence possible continuera de hanter notre génération jusqu'à ce que la performance dépasse la promesse idéale. Tous les processus d'achat et de vente à l'extérieur doivent être réalisés pour répondre aux exigences de la vision intérieure. Tout comme au temps de Luther, la vision divine troubla l'Allemagne et remplit le pays de troubles jusqu'à ce que le peuple atteigne la liberté spirituelle ; tout comme à l'époque de Cromwell la vision de la liberté dans les relations politiques est arrivée en Angleterre et a semé le trouble jusqu'à ce que la doctrine du droit divin des rois soit renversée ; tout comme de nos jours, la vision de la liberté pour tous, sans égard à la race ou à la couleur, a perturbé notre pays et a rempli nos salles de conseil de conflits et de conflits, et a transformé le Sud en un immense champ de bataille, jusqu'à ce que les lois de la Nation correspondait aux idéaux de Dieu — ainsi aujourd'hui, la vision de la fraternité des hommes en Jésus-Christ s'est abattue sur la maison, le marché et le forum, et a suscité l'inquiétude et le mécontentement de notre peuple.

Nos collèges sont agités et, par l'extension des universités, ils cherchent à réaliser leur vision de la sagesse pour tous. L'Église a eu la vision céleste et, inquiète et attristée par ses propres échecs, réécrit ses croyances, inventant de nouvelles méthodes de sympathie sociale et d'aide sociale, et cherche ardemment à réaliser sa vision. La richesse aussi est mécontente et, par de multiples dons, elle devient l'aumônier de la générosité universelle envers l'école et le collège, la galerie et l'église. En regardant vers la salle du conseil, la société devient agitée et estime que la salle du conseil devrait être aussi sacrée qu'un temple et que, comme autrefois, des hommes méchants ont transformé le temple en un lieu de change et ont transformé la maison de Dieu un repaire de voleurs. Les bons hommes lèvent à nouveau le fléau des petites cordes. Le mécontentement devient universel. Cette vision d'un ordre nouveau continuera à hanter et à perturber les hommes, jusqu'à ce qu'enfin la société fasse correspondre toutes ses activités extérieures à la vision céleste intérieure.

La tradition nous raconte que lorsque le jeune dirigeant qui avait fait le « grand refus » revint chez lui, il constata que l'ancienne joie de vivre avait disparu. Fini pour toujours son contentement dans les champs et les troupeaux, dans les maisons, les chevaux et les biens ; en livres et en images ! Lui-même ne semblait qu'une ombre se déplaçant dans un monde fantôme. Malgré tous ses efforts, il ne pouvait pas oublier la nouvelle vision, ni retrouver l'ancienne joie. Finalement , il cessa de lutter et, réalisant sa vision, il découvrit que la croix était la clé magique qui ouvrait la porte du bonheur.

Et pour les jeunes de ce temps lointain, la vision splendide revient. D'étranges manières viennent ces heures lumineuses et ces humeurs exaltées. Parfois, ils nous viennent de la mémoire, puis les tons d'une voix tombent doucement sur l'oreille, comme des cloches célestes qui nous appellent vers le ciel. Parfois ces heures lumineuses viennent des affections, où les anticipations de joie sont si vives qu'il semble que le jeune homme qui s'avance a cueilli d'avance le fruit de l'arbre même de la vie. Pour certains, ils surviennent à travers le chagrin, lorsque l'âme se dissout dans les larmes, comme un arbuste parfumé se dresse au matin de juin, mouillant jusqu'au sol sous les gouttes de pluie qui tombent. Alors l'âme erre ici et là, toute muette de chagrin, cherchant du réconfort, mais n'en trouvant pas. Puis, assise près de la tombe bien-aimée, l'âme entend les vents nocturnes murmurer : « Pas ici, pas ici ! à quoi la mer murmurante répond : « Pas ici », tandis que les vignes en pleurs et les pins tristes répondent toujours : « Pas ici, pas ici ! Mais tombant doucement dans l'air sans chemin, une voix murmure : "Ici ! Ici ! Montez ici !"

Oh, ces heures lumineuses ! Ces heures de conviction plus profonde sont les vraies heures de la vie ! L'été est synonyme de soleil et de beauté, pas de tempête et de neige. Il y a des journées sombres et hivernales en mars, où le printemps semble une illusion. Il y a des jours d'avril si froids que l'été semble un piège. Mais entre les tempêtes, il y a de brefs intervalles chauds lorsque le soleil tombe doucement sur les flancs des collines du sud, et que les racines commencent à remuer et les graines à souffrir des récoltes, et que tout l'air se fait entendre. Les neiges intermittentes du mois d'avril ne sont que des rappels de ce qu'était l'hiver mourant ; mais ces jours ensoleillés occasionnels sont des prophéties de ce que l'été a accompli dans tout son ministère sur les champs et les forêts.

Et après de longues périodes d'égoïsme détrempé et de péché obscurci, soudain la vision de choses meilleures perce les nuages et la tempête. Ensuite, la vision apporte de la clarté à la raison, à la mémoire et à l'imagination. Dans ces heures, l'âme se moque des choses sordides. Comme la fleur grimpe pour échapper au bourbier, comme le pied se détourne de la fange, comme la narine évite la saleté, comme l'oreille déteste la discorde, ainsi, en ces heures, l'âme se moque de l'égoïsme et du péché. Oh, comme la pureté et la douceur, la sympathie et la vérité semblent belles ! Et ces heures sont pleines de prophéties. Ils nous disent ce que sera l'âme lorsque le temps et les ressources de Dieu auront imposé leur volonté à l'homme. Ils doivent être chéris comme le marin chérit l'étoile directrice qui se dresse à l'horizon ; ils doivent être chéris comme un voyageur, perdu dans une forêt proche et sombre, chérit le moment où le soleil perce une fissure dans les nuages et où il prend ses repères hors du marais et vers sa maison. Les visions sont Dieu dans l'âme. Ils viennent éloigner l'homme du péché et du chagrin. Ils viennent le guider vers sa demeure céleste.

LES USAGES DES LIVRES ET DE LA LECTURE

"Apportez avec les livres." - *Paul.*

"Un bon livre est l'élément vital précieux d'un maître esprit embaumé et conservé exprès pour une vie au-delà de la vie." - *Milton.*

"Dieu soit remercié pour les livres. Ils sont les voix des lointains et des morts et font de nous les héritiers de la vie spirituelle des âges passés. Dans les meilleurs livres, les grands hommes nous parlent, nous confient leurs pensées les plus précieuses et déversent leur âme dans le nôtre. "- *Channing.*

"Tout ce que l'humanité a fait, pensé ou été se trouve comme dans une préservation magique dans les pages des livres. Ils sont la possession choisie des hommes." - *Carlyle.*

"Il faut nous rappeler chaque jour combien il y a de livres d'une gloire inimitable, que, malgré tout notre empressement après avoir lu, nous n'avons jamais pris entre nos mains. La plupart d'entre nous seront étonnés de constater à quel point notre industrie elle-même est consacrée aux livres qui n'ont aucune valeur, combien de fois nous ratissons les détritus de l'imprimerie, tandis qu'une couronne d'or et de rubis nous est offerte en vain. "- *F. Harrison.*

XI

LES USAGES DES LIVRES ET DE LA LECTURE

Paul était à la fois un penseur, un théologien et un homme d'État, car il a toujours été un érudit. Un devoir qu'il n'a jamais négligé : le devoir de s'auto-culturer à travers la lecture. Certains compagnons l'accompagnaient toujours, ses auteurs préférés. Emprisonné à Rome, le fardeau de ses lettres à son jeune ami d'Éphèse était constitué de livres et du devoir de lecture. Lui-même Hébreu, après de nombreuses études, il est devenu un cosmopolite et un citoyen du vaste univers. Comme Emerson, il croyait que « l'érudit était un favori du ciel et de la terre, l'excellence de son pays et le plus heureux des hommes ». Un esprit plus sain que le sien n'a jamais foulé cette terre, et s'il pouvait parler à notre époque, avec son inquiétude et sa fièvre, son message inclurait certainement quelques mots sur la compagnie des bons livres.

Le privilège suprême de notre génération n'est pas le transport rapide, ni l'augmentation du confort et du luxe. La civilisation moderne trouve sa fleur et ses fruits dans les livres et dans la culture accessible à tous grâce à la lecture. Si le rêve de l'astronome se réalisait un jour et si la science établissait un code de signaux électriques avec les habitants de Mars, notre premier message ne porterait pas sur les moteurs, ni les métiers à tisser, ni les bateaux à vapeur. Ce n'est pas le téléphone par lequel les hommes parlent à travers les continents, mais le livre par lequel hommes vivants et morts conversent à travers les siècles, qui serait le fardeau du premier message. Le président Porter a dit un jour que les sauvages visitant Londres avec Livingstone appréciaient tout sauf les bibliothèques. Le pauvre nègre comprenait la galerie, car le visage de son enfant répondait à celui du chérubin et du séraphin de Raphaël. Il comprenait la cathédrale, avec ses nefs et ses arcs, car elle lui rappelait ses propres autels et ses hymnes funéraires. Il comprenait la ville, car elle ressemblait à de nombreuses petites villes réunies en une seule. Mais la grande bibliothèque, remplie du sol au plafond de livres, d'étranges pages blanches sur lesquelles le lecteur s'inclinait, tandis que des sourires flottaient sur son visage tandis qu'une tache solaire en poursuivait une autre sur les chaudes collines d'avril, les marques noires provoquant les larmes du lecteur. couler sur la page ouverte, c'était un mystère que le pauvre sauvage ne pouvait pas comprendre. Aucune explication n'a été fournie pour la nécromancie de la bibliothèque.

Pour les sages, les joies de la lecture sont le couronnement des plaisirs de la vie. Les livres sont nos universités, où les âmes sont les professeurs. Les livres sont les métiers à tisser qui tissent rapidement les vêtements intérieurs de l'homme. Les livres nivellent, non pas en abaissant les grands, mais en élevant les petits. Un livre accomplit littéralement l'histoire du Juif errant, qui s'assoit à nos côtés et, comme un ami familier, nous raconte ce qu'il a vu et entendu au cours de vingt siècles de voyage à travers l'Europe. Les « Principia » de Newton signifient que les étoiles et les soleils ont enfin fait entendre leur voix. La zoologie d'Agassiz fait de chaque jeune un véritable Noé, à qui il est donné de voir tous les insectes, les bêtes et les oiseaux entrer deux à deux dans la grande arche du monde. Dieu nous a donné quatre maîtres inférieurs, dont les voyages, le travail, l'industrie, la conversation, et quatre maîtres supérieurs, dont l'amour, le chagrin, la mort, mais principalement les livres.

La sagesse et la connaissance proviennent de sources nombreuses et diverses. Comme l'ancienne Thèbes, l'âme est une ville ayant des portes de tous côtés. Il y a la porte des yeux, et par elle passent des amis, une multitude d'étrangers, les forêts, les champs, les nuages en marche. Là est la porte d'oreille, et c'est là que se rassemblent toutes les douces chansons, toutes les conversations et toutes les éloquences, tous les rires avec le malheur et le chagrin de Niobe. Il y a une conversation, et ainsi nous franchissons le seuil de l'esprit d'autrui et errons dans les couloirs de la mémoire et les chambres de l'imagination. Mais ces facultés sont limitées. L'oreille est faite pour une douce chanson, pas pour mille. La conversation a lieu avec un ami vivant, pas avec Pline et Périclès. La vision reste là-bas à l'horizon ; mais au-delà de la ligne de rencontre entre la terre et le ciel se trouvent des terres lointaines et des scènes historiques ; au-delà se trouvent des champs de bataille tous tachés de sang ; au-delà se trouvent le Parthénon et les pyramides. Les livres viennent donc augmenter le pouvoir de la vision. Les livres font passer devant l'esprit l'Arctique et les tropiques, les montagnes et les collines, toutes les générations avec leurs malheurs et leurs guerres, leurs réalisations pour la liberté et la religion, pour s'instruire et se réjouir. Et lorsque les livres ont fait des hommes contemporains de Socrate et de Cicéron, d'Emerson et de Lowell, lorsqu'ils ont fait de l'homme un citoyen de tous les climats et de tous les pays, ils ajoutent des avantages encore plus marquants. Lorsque le messager royal apporta à Newton l'annonce de l'honneur que lui avait accordé la reine, l'astronome était si occupé par ses études relatives aux "Principia" qu'il refusa à son visiteur ne serait-ce qu'une heure de son temps.

Le grand homme était trop occupé à écrire pour des milliers de personnes pour parler longuement avec un seul individu de ses découvertes sur la lumière et la couleur et de ses preuves de la chute constante de la lune vers la terre. Même à ses meilleurs amis, l'astronome ne pouvait pas dévoiler par la conversation ce qu'il nous donne dans ses « Principia ». Lorsqu'un auteur américain fit appel à Carlyle, il le trouva d'humeur très maussade. Pendant deux heures, il écouta cet étudiant des héros et de l'héroïsme lancer une tirade sauvage contre tous les hommes et toutes les choses. Jamais plus le poète américain n'a pu associer à Carlyle cet équilibre, cette raison et cette réserve qui appartiennent aux plus grands. Dans ses livres, Carlyle donne à ses amis, non pas la mauvaise humeur d'une soirée, mais les meilleures humeurs de toute sa vie, vannant ses récoltes intellectuelles.

Récemment, un auteur a livré au monde des souvenirs intitulés "Evenings" avec Browning et Tennyson, avec Bright et Gladstone. Pourtant une soirée ne sert qu'à quelques plaisanteries, quelques anecdotes, quelques réminiscences. Autant parler de passer un après-midi en Égypte ou de faire une escale en soirée à Rome. Pourtant, un volume de « In Memoriam » ou « Les Idylles du roi » permet d'entendre les pensées les plus riches et les plus magistrales qui ont occupé Tennyson au cours des meilleures années créatives de sa carrière. Les avantages des livres sur la conversation sont si frappants que la brève biographie du Fils du Charpentier nous fait mieux connaître Jésus-Christ que les citoyens de Samarie ou de Bethléem n'auraient pu le faire. Il fut donné à un certain Nicodème de l'entendre parler du cœur nouveau ; un avocat a entendu son histoire du bon Samaritain ; d'autres, parmi la presse et la foule, ont compris une partie de l'histoire du fils prodigue. Mais l'aperçu momentané, le mot fragmentaire, les rumeurs étranges et contradictoires n'ont apporté que confusion et trouble mental. Mais cette brève biographie nous expose toute sa carrière, place chaque auditeur avide aux côtés du Christ pendant qu'il déroule chaque parabole lumineuse, chaque précepte glorieux, chaque appel à l'inspiration et à la vie supérieure. Ainsi les livres nous font connaître les meilleurs hommes dans leur meilleure humeur.

Les livres présentent deux avantages. Ce sont principalement des outils pour l'esprit. Le pas du pied est court, mais le moteur allonge la foulée et l'accélère. Le coup du forgeron est faible, mais le marteau multiplie la puissance de la main de l'homme. Ainsi les livres sont des machines mentales, permettant à l'esprit de l'homme de récolter de nombreux champs de récolte et de multiplier les trésors mentaux. Il faut des années à Humboldt pour découvrir les merveilles des Andes et d'autres années à Livingstone pour se frayer un chemin à travers les jungles d'Afrique. Mais un livre, pendant deux ou trois soirées au coin du feu, permet à l'homme de parcourir le continent noir sans les dangers de la fièvre, sans éprouver la douleur du lion sautant du fourré pour mutiler le bras de Livingstone. Avec un livre, nous parcourons les montagnes de deux continents sans subir une seule fois la lourde chute dans le précipice qui a affaibli Humboldt. Les livres nous permettent de visiter des climats, des villes, des civilisations anciennes et modernes, qui sans eux ne pourraient jamais être vus pendant les années de l'homme, si peu nombreuses, et par la force de l'homme, si insuffisante. Les grands hommes et les riches accroissent leur influence en s'entourant de serviteurs qui exécutent leurs commandements.

Chaque président et premier ministre se renforce par un cabinet. Mais et si le paysan ou l'ouvrier pouvait s'entourer d'un groupe de conseillers et de conseillers comprenant une centaine des plus grands esprits de sa génération ? Et si un certain Herschel s'adressait aux jeunes pour leur dire : « Vous avez besoin d'une nuit de repos pour dormir ; mais pour vous, je donnerai des années pour étudier les étoiles et leurs mouvements ? Et si Dana disait : « Pour vous, je déchiffrerai l'écriture sur les rochers, tracerai le mouvement des chasse-neige, rechercherai l'influence des flammes qui transforment les rochers en terre pour les vignes ? Et si un Audubon disait : « Pour vous, je parcourrai toutes les forêts pour découvrir la vie et l'histoire des créatures ailées, du colibri au faucon et à l'aigle ? Et si Niebuhr disait : « Pour vous, je déchiffrerai les monuments, toutes les ruines et obélisques, tous les parchemins et manuscrits de l'homme pour retracer le progrès de l'homme à travers les siècles ? Mais c'est précisément ce que font les livres pour nous.

Économisant du temps et des forces à l'homme, les livres augmentent également sa virilité et multiplient ses forces cérébrales. Avec eux, un homme de quatre-vingts ans termine sa carrière plus sage que, sans eux, il aurait pu l'être, bien qu'il ait vécu et travaillé dix mille étés et hivers. C'est ce que veut dire Emerson lorsqu'il dit : « Donnez-moi un livre, la santé et un jour de juin, et je rendrai ridicule la pompe des rois. » Lorsque le jeune Athénien, bien-aimé des dieux, partit en voyage, un ami lui apporta une armure merveilleuse, à l'épreuve des flèches ; un autre apportait un cheval d'une merveilleuse rapidité ; un autre apportait un arc de grande taille et de grande force. Ainsi armé, le jeune homme vainquit ses ennemis. Mais lorsque les livres ont armé l'homme contre ses ennemis, ils transforment ses ennemis en amis ; ils le protègent de l'ignorance ; ils le libèrent de la superstition ; ils le revêtent de gratitude. Remercions Dieu pour les livres, réjouissant notre solitude, apaisant nos maladies, affinant nos passions, hors de la défaite nous conduisant à la victoire ! Ce jeune homme ne peut guère manquer de caractère, de bonheur et de réussite, celui qui, jour après jour, va à l'école des sages et des voyants ; qui, la nuit, entend Dante et Milton parler du Paradis ; qui a pour mentors dans ses bureaux et ses comptoirs des Franklin ou des Salomon. L'expérience, complétée par les livres, enseigne au jeune plus en un an que l'expérience seule ne lui en apprendra en vingt.

Les livres nous conservent aussi l'esprit des grands de la terre, tout comme la cave du roi renferme des vins de plus en plus précieux au fil des années. De temps en temps, Dieu envoie sur terre un homme doté d'un don suprême appelé génie. En passant par notre vie et notre monde, il voit des spectacles merveilleux qui ne sont pas accessibles à nos yeux, entend des mélodies trop belles pour notre ouïe émoussée. Ce que les autres hommes considèrent comme des morceaux de charbon, son génie le transmue en diamants. Dans l'obscurité, il dort pour voir un « Songe d'une nuit d'été » ; le jour où il se réveille pour contempler la tragédie ou la comédie de la carrière de son ami. Pendant qu'il réfléchit, les feux de l'inspiration brûlent en lui. Le moment venu, les forces intérieures éclatent dans un livre, une chanson ou un poème, tout comme le bulbe de tulipe, quand arrive avril, publie son cœur de feu et d'or. Le livre qu'il écrit est le vin le plus précieux de la vie, « l'or raffiné dans les feux de son génie ». Ces élus viennent rarement, tout comme le buisson n'a brûlé qu'une seule fois pendant les nombreuses années de Moïse dans le désert. De nombreuses collines doivent être réunies pour produire une vaste montagne. Une seule chaîne de Rocheuses est nécessaire pour soutenir plusieurs États. Un seul Mississippi peut aussi drainer un continent.

En pensant à ces grands livres, Milton a déclaré : « Le livre est l'élément vital du maître esprit. » De même que la sagesse exprimée dans le phonographe y fait des marques qui peuvent être reproduites à volonté, de même les livres conservent et répètent l'éloquence des plus grands. A travers son « Excursion », quand Wordsworth dit : « Je vais aux champs aujourd'hui », le jeune peut murmurer, « et je vais avec toi ». Il peut également accompagner Layard, lorsqu'il part étudier les vieilles tablettes et les monuments ; avec Scott, il peut monter avec Ivanhoe au château et au tournoi ; avec Virgile et Dante, il peut frissonner au bord du fleuve d'encre ou exulter au premier aperçu du paradis.

Charles Lamb a bien suggéré que les hommes devraient dire grâce, non seulement pendant la fête de Noël, mais aussi autour de la table couverte de bons livres. Car l'homme n'a pas d'amis plus fidèles, la Terre n'offre pas de banquet plus riche. Lorsque Southey devint vieux et perdit la vue, on le vit chanceler dans sa bibliothèque. Se déplaçant d'une étagère à l'autre, le vieil érudit posait la main sur un livre préféré, puis sur un autre, tandis qu'un rare et doux sourire passait sur son visage, tout comme nous posions tendrement la main sur l'épaule d'un ami cher. À travers leurs livres, ses vieux amis, les héros du passé, avaient raconté à Southey leurs rêves les plus intimes, leurs passions, leurs aspirations, ce qui les soutenait pendant les heures de combat, comment ils enduraient lorsque la mort les volait de ce qu'ils avaient de meilleur. Pauvre et solitaire, le poète parlait souvent avec ces volumes comme avec des amis familiers. Ainsi , avant de mourir, Southey a dit à ses livres « Bonne nuit », avant de dire « Bonjour » à leurs auteurs dans cet au-delà lumineux.

Cette injonction divine quant à la compagnie des livres nous invite à rechercher l'utilité et le but de la lecture. Principalement, les livres doivent être lus pour obtenir des informations et de la force mentale. La faim du corps pour le pain et les fruits n'est pas plus réelle que la faim de l'intellect pour les faits et les principes. La connaissance est un rapport aussi vital au développement de la raison que le fer et le phosphate à l'enrichissement du sang. L'ignorance est une faiblesse. Le succès, c'est savoir comment. Notre monde est dans lequel le dernier fait triomphe. En plus de sa propre expérience et de sa réflexion, le jeune artiste doit se présenter dans une galerie réunissant tous les meilleurs maîtres. Debout à côté des marbres d'Elgin au British Museum, le sculpteur doit se baigner et s'imprégner de l'idéal et de l'esprit grecs, jusqu'à ce que la pensée grecque palpite dans son cerveau et qu'il ressente l'enthousiasme grec pour la force des bras et des membres ronds et souples. prêt pour la course.

Mais dans un sens large et profond, les livres sont des galeries dans lesquelles les esprits sont capturés et fixés sur les pages. Les livres sont des entrepôt dans lesquels des faits et des principes ont été récoltés. Tout comme un morceau de charbon nous raconte quelles fougères et quelles fleurs poussaient à une époque lointaine, le livre nous donne la quintessence même des pensées de l'homme sur la vie, le devoir et la mort. Il n'existe pas non plus d'autre moyen d'acquérir ces connaissances vitales. La vie est trop courte pour les obtenir par la conversation ou les voyages. Aucun jeune n'est non plus prêt à accomplir sa tâche tant qu'il n'a pas retracé l'essor et la croissance des maisons, des outils, des gouvernements, des écoles, des industries, des religions. Il doit également comparer race à race, terre à terre et étoile à étoile. Interrogé sur ses idées sur la valeur de l'éducation, un homme distingué dans le milieu ferroviaire a répondu : "J'ai appris que chaque fait nouveau a sa valeur monétaire. Toutes choses étant égales par ailleurs, le jugement de celui qui en sait le plus doit toujours prévaloir." Mais les livres seuls peuvent compléter l'expérience et fournir les informations qui préparent l'homme à affronter son jour de bataille.

Il a été dit : « Pour mille hommes qui peuvent parler, il n'y en a qu'un qui peut penser ; pour mille hommes qui peuvent penser, il n'y en a qu'un qui peut voir. » Puisque la meilleure chose dans la vie est d'avoir une vision ouverte, nous devons demander aux auteurs de nous apprendre à voir. Chaque Kingsley s'approche d'une pierre comme un bijoutier s'approche d'un cercueil pour débloquer les pierres précieuses cachées. Geikie fait dérouler le morceau de houille le bourgeon juteux, les feuilles épaisses et odorantes, les branches piquantes, jusqu'à ce que le morceau de carbone s'agrandisse pour former la beauté d'une forêt tropicale. Ce petit livre de Grant Allen intitulé « Comment poussent les plantes » présente les arbres et les arbustes comme mangeant, buvant et se mariant. Nous voyons certains bosquets de dattiers en Palestine, et d'autres bosquets de dattiers dans le désert à cent milles de distance, et le pollen de l'un transporté par les alizés jusqu'aux branches de l'autre. Nous voyons l'arbre avec son étrange système d'aqueduc, pompant la sève à travers des tuyaux et des canalisations ; on voit le laboratoire chimique dans les branches mélangeant l'arôme de l'orange dans une branche, mélangeant le jus de l'ananas dans une autre ; nous voyons l'arbre comme une mère, préparant chaque bébé gland pour le long hiver, l'enroulant dans des bandes douces et chaudes comme des couvertures de laine, l'enveloppant de vêtements imperméables à la pluie, et enfin glissant le bébé gland dans un sac de couchage, comme ceux que les Esquimos ont donnés au Dr Kane.

Finalement, nous en venons à penser que les Grecs n'avaient pas beaucoup tort de penser que chaque arbre contenait une Dryade, l'animant, le protégeant de la destruction, mourant lorsque l'arbre se desséchait. Certains Faraday nous montrent que chaque goutte d'eau est une gaine de forces électriques suffisantes pour charger 800 000 jarres de Leyde, ou pour faire fonctionner un moteur de Liverpool à Londres. Certains Sir William Thomson nous raconte comment l'hydrogène gazeux mâche une grosse pointe de fer comme les molaires d'un enfant mâchent le bout d'un bâton de bonbon. Ainsi, chaque nouveau livre ouvre la voie à un domaine naturel nouveau et jusqu'ici inexploré. Ainsi les livres accomplissent pour nous la légende du verre merveilleux qui montrait à son propriétaire tout ce qui était lointain et tout ce qui était caché. Grâce aux livres, notre monde devient comme « un bourgeon issu du berceau de la beauté de Dieu ; le soleil comme une étincelle de la lumière de sa sagesse ; le ciel comme une bulle sur la mer de sa puissance ». D'où les paroles de Mme Browning : « Aucun enfant ne peut être appelé sans père s'il a Dieu et sa mère ; aucun jeune ne peut être appelé sans amis s'il a Dieu et la compagnie de bons livres. »

Les livres nous avantagent également en ce qu'ils montrent l'unité du progrès, la solidarité de la race et la continuité de l'histoire. Les auteurs nous ramènent sur le chemin du droit, de la liberté ou de la religion, et nous placent devant le grand homme dans le cerveau duquel le principe a pris naissance. Tandis que le découvreur nous conduit de l'embouchure du Nil jusqu'aux sources du Nyanza, les livres exposent de grandes idées et institutions, à mesure qu'ils avancent, s'élargissant et s'approfondissant sans cesse, comme un Nil nourrissant de nombreuses civilisations. Car toutes les réformes d'aujourd'hui remontent à quelque réforme d'hier. L'art de l'homme remonte à Athènes et à Thèbes. Les lois de l'homme remontent à Blackstone et Justinien. Les moissonneuses et les charrues de l'homme reviennent au sauvage grattant le sol avec son bâton fourchu, traîné par le bœuf sauvage. Les héros de la liberté avancent en colonne solide. Lincoln serre la main de Washington. Washington reçut ses armes des mains de Hampden et de Cromwell. Les grands puritains serrent la main avec Luther et Savonarole.

La procession ininterrompue nous amène enfin à Celui dont le Sermon sur la montagne était la charte même de la liberté. Cela nous met sous un charme divin de percevoir que nous sommes tous des collaborateurs des grands hommes, et pourtant des fils uniques dans la chaîne et la trame de la civilisation. Et lorsque les livres nous ont reliés à notre propre époque et ont relié toutes les époques à Dieu, dont la providence est le golfe de l'histoire, ces enseignants continuent à nous stimuler vers des réalisations nouvelles et plus grandes. Seul, l'homme est une bougie non allumée. L'esprit a besoin d'un livre pour allumer ses facultés. Avant que Byron ne commence à écrire, il consacrait une demi-heure à la lecture de son passage préféré. La pensée d'un grand écrivain ne manquait jamais d'allumer Byron dans une lueur créatrice, même lorsqu'une allumette allume les petits bois sur la grille. Dans ces ambiances brûlantes et lumineuses, l'esprit de Byron faisait de son mieux. Le vrai livre stimule l'esprit car aucun vin ne pourra jamais vivifier le sang. C'est la lecture qui nous amène à notre meilleur et qui incite chaque faculté à sa vie la plus vigoureuse.

En nous rappelant donc qu'il est aussi dangereux de lire le premier livre qu'on tombe par hasard que pour un étranger en ville de se lier d'amitié avec le premier passant, considérons le choix et l'amitié des livres. Frederic Harrison nous dit qu'il y a maintenant 2 000 000 de volumes dans les bibliothèques et que, toutes les quelques années, la presse publie suffisamment de nouveaux volumes pour former une pyramide égale à la cathédrale Saint-Paul. Déplorant le nombre de livres de mauvaise qualité qui paraissent aujourd'hui, cet auteur se demande si l'imprimerie ne constitue pas ou non l'un des fléaux de l'humanité. Il raconte qu'il ne lit que peu de livres, et ceux-là sont les plus grands, et décrit son naufrage sur la mer infinie de l'encre d'imprimerie, et son sauvetage comme celui d'un évadé par miséricorde d'une région où il y avait de l'eau, de l'eau partout mais pas une goutte. boire. Avouons que les livres, par leur multitude, déroutent, et qu'une lecture imprudente et sans but détruit l'esprit. Admettons aussi que les livres ne signifient pas plus la culture que les lois ne signifient les vertus.

Sans doute l'individualité est menacée par la vaste cataracte de la littérature. Enfants, nous avons tremblé inutilement lorsque l'infirmière nous a dit que le ciel pleuvait des fourches, mais en tant qu'hommes, nous avons le droit d'avoir peur lorsque le ciel ne pleut pas de fourches mais de brochures. Des multitudes sont dans la condition de l'écolier qui, lorsqu'on lui demande à quoi il pense, répond qu'il n'a aucune pensée, parce qu'il est tellement occupé à lire qu'il n'a pas le temps de réfléchir. Comme ce garçon, les multitudes d'aujourd'hui ne peuvent pas voir la forêt derrière les arbres. Beaucoup se tiennent devant le vaste abîme de la littérature comme le pèlerin de Bunyan se tenait devant le marécage du désespoir, criant : « Que dois-je faire ? La nécessité d'une sélection sévère est à nos portes, mais certaines choses doivent tous être lues.

Tout d'abord, chaque année, chaque jeune homme et chaque jeune femme devrait porter un nouveau regard sur la maison mondiale dans laquelle tous vivent. Lorsqu'Ivanhoé se réveilla et se retrouva prisonnier dans un château étranger, il explora aussitôt le manoir, passant de chambre en salle de banquet, et de tour en douves, et les hauts murs qui l'enfermaient. Si, en effet,

Dieu aimait tant ce château, étoile au point d'utiliser sa poussière même pour créer l'homme à sa propre image, nous devons bien aimer et étudier cette maison du monde, où se joue le drame de la vie et de la mort de l'homme. Longfellow considérait notre Terre comme un navire recouvert de granit naviguant dans les airs, avec une plaque de maille boulonnée et serrée par le mécanisme Tout-Puissant, les battements du Vésuve faisant allusion aux fourneaux profonds qui l'aident à avancer dans son voyage à travers l'espace. Mais le nom donné par Dieu à cette maison terrestre était Paradis. Et c'est un véritable paradis, avec son tapis végétal, doux et brodé, sous les pieds de l'homme ; avec ses vallées couvertes de maïs jusqu'à ce qu'ils rient et chantent ; avec sa noble architecture de montagnes couverte de puissantes sculptures et de légendes peintes. En vérité, ce serait une chose disgracieuse pour nous de continuer à vivre ici sans prendre la peine de regarder ce sol si ferme et si solide, ni d'étudier le beau plafond éclairé la nuit par des lampes étoilées. Et les soirées d'une semaine avec Geikie ou Dana nous diront par quels fourneaux de feu le granit a été fondu, par quelles dents de glaciers et par quels poids de vagues la surface de la terre a été lissée pour la charrue et la truelle. Depuis combien de temps le glacier n'avait pas un mille d'épaisseur à l'endroit même où nous nous trouvons, depuis combien de temps les eaux du lac Michigan, qui coulent maintenant sur Niagara, ont cessé de se déverser dans le Mississippi.

Les soirées d'une autre semaine avec le professeur Gray ou Grant Allen nous diront comment tous les arbres et les plantes vivent, respirent et poussent bien ; comment le lys aspire la blancheur du bourbier, et comment la rose rouge détorde le rayon de soleil et en arrache les fils écarlates. Les soirées d'une autre semaine avec Ball, Proctor ou Langley montreront le soleil arrachant les récoltes de notre planète, de même que la bûche flamboyante extrait le jus des pommes rôties devant les charbons ardents ; quelle doit être la taille d'une maison sur la Lune pour être vue par le nouveau télescope du lac Léman ; si les taches sur le soleil représentent ou non de gros morceaux de matière non brûlée, dont certains font des milliers de kilomètres de diamètre, des matériaux projetés par des explosions gazeuses. Tandis que Maury nous emmènera encore une semaine, dans un bateau de verre et étanche, dans une longue croisière à plus de trois mille lieues sous les mers, nous montrant ces cimetières qu'on appelle coquillages, ces villes qu'on appelle récifs coralliens, ces animaux étranges qui ont des racines au lieu de pieds, appelées éponges.

Après avoir parcouru la maison en terre, chacun doit s'étudier soi-même ; son corps comme moteur de pensée mentale, instrument de conduite et de caractère ; le nombre, la nature et les utilisations des quarante et plus facultés d'esprit et de cœur dont il est doté. De l'étude de l'âme, l'esprit passe facilement au mouvement ascendant de la race, à mesure que l'homme voyage de hutte en maison, de tente en temple, de la force à l'autonomie gouvernementale, à l'éducation et à la littérature, de son autel flamboyant à l'hymne qui s'élève. et une prière ambitieuse. Cela nous indique quelle contribution chaque race, hébraïque et grecque, romaine et germanique, a apportée à la civilisation. Viennent ensuite les livres de vie, dans lesquels les qualités à imiter sont capitalisées dans la vie des grands, car la biographie est l'un des meilleurs professeurs de l'homme. Nous y voyons comment le héros a supporté ses torts, ses chagrins et ses défaites, et comment il s'est maintenu dans les moments de triomphe. Phillips Brooks pensait que la base de toute bibliothèque devrait être constituée de biographies, de mémoires, de portraits et de lettres. Nous ne devons pas non plus oublier les livres d'art, dans lesquels les faits de la vie sont idéalisés et portés à la beauté. Soyez témoin des drames, des poèmes ou des plusieurs grands romans.

Mais au-delà et au-dessus de tous les autres, il y a le livre, la Bible. À lui seul, il a civilisé des nations entières. Quelles que soient nos théories d'inspiration, ce livre traite des choses les plus profondes du cœur et de la vie de l'homme. Ruskin et Carlyle nous disent qu'ils lui doivent plus en termes de raffinement et de culture qu'à tous les autres livres, *plus* à toute l'influence des collèges et des universités. Les plus grands génies de l'époque nous y parlent des choses qu'ils ont capturées fraîchement tombées du ciel, « des choses qui ont déferlé sur eux et qui ont déferlé sur leurs âmes en marées puissantes, les envoûtant avec une musique sans égal » ; des choses si précieuses pour le cœur et la conscience de l'homme qu'elles peuvent être endurées et pour lesquelles mourir. C'est le seul livre qui puisse révéler pleinement les choses les plus riches, les plus profondes et les plus douces de la nature humaine. Lisez tous les autres livres, philosophie, poésie, histoire, fiction ; mais si vous souhaitez affiner votre jugement, féconder la raison, stimuler l'imagination, atteindre la plus belle féminité ou la virilité la plus robuste, lisez ce livre avec révérence et prière, jusqu'à ce que ses vérités se soient dissoutes comme le fer dans le sang. Lisez, en effet, les cent grands livres. Si vous n'avez pas le temps, prenez le temps et lisez. Lisez comme les esclaves de Golconde travaillent dur, jetant les déchets et gardant les pierres précieuses. Lisez pour transformer les faits en vie, mais lisez quotidiennement le livre de conduite et de caractère : la Bible. Car le livre que Daniel Webster a placé sous son oreiller en mourant est le livre que tous devraient porter dans la main en vivant.

LA SCIENCE DE VIVRE AVEC LES HOMMES

« Il existe un art de bien vivre. » — *Arthur Helps.*

"La vie artistique suprême, au-dessus de tous les autres arts, est l'art de vivre ensemble de manière juste et charitable. Il n'y a aucune autre chose qui soit aussi éprouvante, exigeant autant d'éducation, autant de sagesse, autant de pratique, que la façon de vivre avec nos semblables. -les hommes. En importance, cet art dépasse toutes les industries productives que nous enseignons à nos enfants. Toutes les compétences et toutes les connaissances en dehors de cela ne sont rien. L'affaire de la vie est de savoir comment s'entendre avec nos semblables. "- *HW Beecher.*

« De même que toutes les étoiles sont régies par une seule loi, dans une seule loi vivent, se meuvent et ont leur être, de même tous les esprits qui raisonnent et tous les cœurs qui battent agissent dans un seul empire d'un seul roi ; et de ce vaste royaume, la loi est la loi. la plus vaste, la plus éternelle, est la loi de la bonté." — *Swing.*

« Les nations ont transformé leurs lieux de trésors artistiques en champs de bataille. Imaginez ce que serait l'Europe aujourd'hui si les statues et les temples délicats des Grecs, si les murs larges et massifs des Romains, si l'architecture noble et pathétique du Moyen-Orient. Des siècles n'ont pas été réduits en poussière par la simple rage humaine. Vous parlez de la faux du temps et de la dent du temps ; je vous dis que le temps est sans faux et sans dents ; c'est nous qui rongeons comme le ver, nous qui frappons comme la faux. " Tous ces trésors perdus de l'intellect humain ont été entièrement détruits par l'industrie humaine de destruction ; le marbre aurait résisté pendant 2 000 ans aussi bien dans la statue polie que dans la falaise de Paros ; mais nous, les hommes, l'avons réduit en poudre et l'avons mélangé avec nos propres cendres. "- *Ruskin.*

XII

LA SCIENCE DE VIVRE AVEC LES HOMMES

Les grands écrivains de tous les temps se sont tenus à l'écart de toute discussion formelle sur l'art de bien vivre et la science de l'usage habile de ses facultés. Le gouvernement, la guerre et l'éloquence ont en effet fait l'objet d'une étude scientifique complète, et les arts appelés musique et sculpture ont fait l'objet d'un traitement littéraire abondant. Mais, pour une raison quelconque, aucun philosophe n'a jamais tenté de rédiger un traité formel enseignant aux jeunes comment exercer leurs facultés de manière à éviter de nuire à leurs semblables et à leur assurer la paix, le bonheur et le succès. Pourtant l'art de manier le marbre n'est rien comparé à l'art de manier les hommes. L'habileté à évoquer la mélodie à partir de la harpe n'est rien comparée à l'habileté à apaiser les discordes dans l'âme et à faire ressortir ses impulsions les plus nobles, ses forces les plus énergiques.

Il n'existe pas non plus de science ni d'industrie productive quelle qu'elle soit qui soit comparable à la science d'une vie juste, douce et bienveillante. Car l'affaire de la vie n'est pas l'utilisation et le contrôle des vents et des rivières ; ce n'est pas l'acquisition de l'habileté à faire appel aux énergies secrètes contenues dans le sol ou cachées dans le ciel. L'affaire de la vie est la maîtrise de l'art de vivre harmonieusement et équitablement avec ses semblables et l'acquisition de l'habileté à faire ressortir les meilleures qualités de ceux qui nous entourent. En effet, la maison et le marché ne font que fournir un terrain de pratique pour développer l'expertise dans l'exercice de ses facultés. Sir Arthur Helps a été le premier à forger l'expression « l'art de vivre correctement », et la société ne sera jamais assez reconnaissante envers cet éminent érudit de nous rappeler que lorsque tous les autres arts ont été acquis, toutes les autres sciences réalisées, il reste encore à maîtriser le le plus beau de tous les beaux-arts, la science du bon usage de ses facultés au milieu de tous les devoirs et relations de la maison et de l'école, du magasin et de la rue.

En recherchant la raison pour laquelle les scientifiques ont discuté de l'amitié, de la réforme ou du patriotisme, mais ont ignoré la science du mode de vie juste, nous trouverons l'explication adéquate dans le fait qu'il s'agit du sujet le plus vaste qui puisse être traité. Il s'agit du bon port de l'homme tout entier, du maniement du corps et du maintien d'une parfaite santé ; le contrôle du tempérament, avec son talent ou sa faiblesse particulière ; l'usage de la raison, son développement et sa culture ; le contrôle du jugement, avec la correction de ses aberrations ; cela implique une telle maîtrise des émotions que les hommes ont sur les vents et les rivières ; elle concerne la conscience et la conversation, l'amitié et le commerce, et tous les éléments affectifs et sociaux, civiques et moraux.

Car l'homme se tient pour ainsi dire au centre de nombreux cercles concentriques. Autour de lui, en tant que centre, balaie le cercle familial ; ses relations de voisinage immédiat décrivent un cercle plus large ; sa carrière dans les affaires en décrit une encore plus grande ; viennent ensuite ses relations avec la communauté en général, tandis qu'au-delà de l'horizon se trouve un cercle d'influence qui inclut le monde dans son ensemble. Lorsque la petite araignée se tenant au centre de sa toile large et complexe, tissée pour la destruction, a la chance de toucher n'importe quel fil de la toile, immédiatement ce fil vibre jusqu'à l'extrémité la plus extrême. Et l'homme se tient au centre d'un vaste réseau d'influence de grande portée, tissé non pour le fléau mais pour le bien, et chacune de ces lignes qui s'étendent, qu'elles soient liées à des amis proches ou à des citoyens éloignés, vibre et vibre. avec des influences secrètes; et il n'y a aucune créature dans l'univers de Dieu aussi éprouvée que l'homme, ayant mille dangers à éviter et remplissant dix mille devoirs. Celui qui veut discuter adéquatement de la science de la vie juste doit proposer une méthode qui permettra à l'homme de conserver ses facultés au milieu de toutes les conditions de pauvreté ou de richesse, de maladie ou de santé, d'amitié entre les hommes ou de leur inimitié.

Constatant l'ampleur de ce thème, nombreux sont ceux qui se demandent si une vie juste peut être réduite à une science et, si c'est le cas, si elle peut un jour être acquise en tant qu'art. Nous savons qu'il existe une science du gouvernement, une science de la richesse, une science de la guerre, et la maîtrise dans chaque département semble possible. De plus, une longue pratique a donné aux hommes des compétences dans les arts. Même Paganini est né avec la nécessité d'atteindre l'excellence dans son art par la pratique. Titien était également un étudiant infatigable en couleur, et Macaulay lui-même travaillait dur sur son alphabet. Les imprimeurs nous disent que la pratique élimine la raideur des doigts et fait de la composition un processus automatique. Daniel Webster était considéré comme le plus grand orateur de son temps ; mais il n'a jamais existé d'homme qui s'est exercé plus scrupuleusement dans la solitude, et son excellence, dit-il, était le fruit de longues études.

Henry Clay avait une grande réputation en tant que conférencier ; mais lorsque le jeune homme eut pendant des années pratiqué le discours improvisé dans les champs de maïs du Kentucky, il commença à s'entraîner au langage, à la pensée, à la posture, au geste, jusqu'à ce que sa main puisse manier le sceptre, ou faire signe avec une douce persuasion, jusqu'à ce que son son œil pouvait regarder ses ennemis et les transpercer, ou rayonner sur ses amis et invoquer sur eux tous les fruits de la paix et du succès. Il n'y a pas eu non plus un seul grand artiste, un grand poète, un grand inventeur, un grand marchand, ni un seul grand homme dans aucun domaine de la vie dont la suprématie ne ressorte, lorsqu'on l'examine, comme le fruit d'une longue étude et d'un entraînement minutieux. Les hommes naissent avec des mains, mais sans savoir les utiliser. Les hommes naissent avec des pieds et des facultés, mais ce n'est que par la pratique que leurs pas parcourent rapidement ces belles voies appelées littérature, droit ou sens politique. Le fait que l'homme réussisse à maîtriser d'autres sciences encourage en nous la conviction qu'il est possible pour les hommes de maîtriser la science qui leur permet de s'entendre harmonieusement et équitablement avec leurs semblables. En importance, cette connaissance dépasse toute autre connaissance, quelle qu'elle soit. Savoir quelle armure revêtir contre les conflits de demain ; comment atteindre les objectifs du commerce et de l'ambition en utilisant les hommes comme instruments ; comment être utilisé par les hommes, et comment utiliser les hommes, non pas en les blessant, non pas en les trompant, non pas en les gâchant ou en les négligeant ; mais comment, grâce aux hommes, progresser soi-même et ses semblables, telle est la tâche de la vie. Car l'habileté à s'entendre avec les hommes est le test de la virilité parfaite.

Aucune autre connaissance n'est comparable à celle-ci. C'est quelque chose de savoir naviguer sur un vaste navire ; il est important de comprendre le fonctionnement d'un moteur Corliss ; l'homme fait bien d'aspirer à la maîtrise du fer et du bois, et à l'usage du coton et de la laine ; la plus louable est l'ambition de maîtriser les arguments et les idées ; mais il est mille fois plus important de comprendre les hommes. Être capable d'analyser les motivations sous-jacentes ; acquérir l'habileté de réprimander les pires impulsions des hommes et l'habileté de faire ressortir leurs meilleures qualités ; faire la distinction entre l'égoïsme et la sincérité; apaiser les conflits et promouvoir la paix ; maintenir l'équanimité au milieu de tout le tourbillon de passion; rencontrer ceux qui tempêtent avec un calme parfait ; rencontrer des hommes renfrognés avec une ferme douceur; affronter la dureté de l'orgueil avec une attitude modeste ; se suffire à lui-même au milieu de tous les bouleversements et de l'égoïsme de la vie, c'est être un disciple du Christ, et Il est le seul gentleman que notre monde ait jamais vu. Oh, pour une université pour enseigner l'art de bien vivre ! Oh, pour une université qui enseigne la science permettant d'atteindre ses objectifs personnels sans gâcher ses idéaux ! Car la vie n'a qu'un seul art : l'art de bien s'entendre avec nous-mêmes et avec nos semblables.

Avouons que l'homme maîtrise facilement tous les autres arts et sciences. Ses découvertes sur les étoiles, les pierres et les arbustes provoquent des surprises toujours nouvelles. Ses inventions, qui peut les compter ? Il maîtrise facilement les vents et les rivières. Il enlève l'aiguillon de la foudre et la rend inoffensive. Ensuite, avec des lampes électriques, il éclaire les villes. Avec des rayons de soleil invisibles, il peint des images instantanées de visages, de palais, de montagnes et de paysages. Avec les rayons X sombres, il photographie les os enfermés dans la chair, les pièces de monnaie contenues dans la bourse. Avec son aimant, le scientifique lance une corde autour des rayons cathodiques et les entraîne partout où il veut. Sur le terrain, l'inventeur utilise une houe électrique pour tuer les germes du chardon et de la morelle mortelle. Étrange qu'il ne puisse pas inventer un instrument pour tuer les germes de haine et d'envie dans son propre cœur ! Le jardinier maîtrise facilement l'art de cultiver les roses et les violettes, mais échoue à essayer de produire en lui-même ces belles pousses appelées amour, vérité, justice – des fleurs qui ont leurs racines dans le ciel, mais qui fleurissent ici sur terre.

Un conducteur expert tiendra les rênes de six ou même huit coursiers enflammés, mais il descend de son carrosse et découvre que ses propres passions sont des coursiers du soleil qui s'enfuient avec lui, apportant naufrage et ruine. L'homme a le don de transformer les poisons en médicaments. Il transforme des acides mortels en baumes, mais il n'a aucune compétence pour retirer les poisons de l'envie de la langue, ni pour rengainer l'épée tranchante de la haine. Quant à la nature physique, l'homme semble se rapprocher rapidement du moment où toutes les forces de la terre, de la mer et du ciel se soumettront comme des serviteurs disposés et obéissants pour accomplir sa volonté. Mais, s'étant fait monarque dans tous les autres domaines, l'homme s'effondre complètement lorsqu'il tente de vivre en paix avec ses amis et ses voisins. Sublime par son intégrité et sa force, il est des plus pitoyables dans la façon dont il détruit son propre bonheur et ruine celui des autres. La peste dans la ville, la tornade dans la campagne, l'incendie dans la forêt, ce ne sont que de faibles types d'hommes destructeurs. L'homme ne maîtrise pas encore une science : la science de la vie juste et l'art de bien s'entendre avec lui-même et avec ses semblables.

Aujourd'hui, la nouvelle science explique la difficulté d'une vie juste par l'ampleur des dotations de l'homme. Il y a peu d'échecs dans le monde animal ou végétal. L'instinct guide la bête, tandis que l'arbuste atteint sa fin par des processus automatiques. Aucune vigne ne s'est jamais souciée de décider si elle devait produire des raisins ou des épines. Aucun figuier n'a jamais eu besoin d'aller à l'école pour apprendre à éviter de porter des chardons. Le colibri, volant d'arbuste en arbuste, entend la voix intérieure appelée instinct. Ces instincts servent de guides. La création animale qui se déplace dans l'air, l'eau ou les forêts n'éprouve que peu de difficultés à trouver le chemin désigné. Mais le problème de la rose, de l'alouette ou du lion est très simple et facile, comparé au problème de l'homme. Si le chêne doit nécessairement porter des glands, l'homme est comme une vigne qui peut à volonté produire l'un des cent fruits. Il est comme un animal qui peut, à sa guise, marcher ou voler, nager ou courir. Le chemin ouvert devant le monde brutal est étroit et sa tâche est donc très simple, tandis que le grand nombre de chemins possibles pour l'homme embarrasse souvent son jugement et provoque parfois la confusion.

Après des milliers d'années, l'homme ignore encore s'il est préférable pour lui de manger de la chair ou de se limiter uniquement aux fruits ; si le jus du raisin est utile ou nocif ; si la meilleure culture vient du fait de limiter l'étude à une seule langue, comme l'ont fait Socrate et Shakespeare, ou de l'apprentissage de plusieurs langues, comme l'ont fait Cicéron et Milton ; si une monarchie ou une démocratie est mieux adaptée pour assurer le bonheur et la prospérité du peuple ; si l'amour de Dieu devant est un motif suffisant pour tirer un homme vers le ciel, ou si la peur et le feu allumés à l'arrière ne donneront pas une plus grande rapidité à ses pas. Il est étonnant de constater combien de problèmes restent encore à résoudre.

Il ne pourrait en être autrement non plus. À mesure que les choses augmentent en taille et en complexité, la difficulté de les gérer augmente. Il est facile de manier un rouet, mais difficile de manier un métier Jacquard comportant des centaines de pièces délicates. Il est facile d'utiliser un sifflet pour garçon, mais difficile de maîtriser l'orgue à tuyaux dont les touches montent de rive en rive. D'un alphabet de vingt-six lettres, toutes les sciences et tous les arts peuvent être façonnés ; mais l'alphabet des facultés de l'homme compte quarante-quatre lettres. Qui mesurera les littératures divines possibles à toutes ces combinaisons de pensée, de sentiment et d'aspiration ?

Le scientifique nous dit que tous les instruments et excellences distribués parmi les animaux sont réunis dans l'homme.

L'homme a l'instinct de construction du castor, l'habileté de l'abeille pour la ruche, le coup du lion est moindre que le marteau de l'homme, le vol rapide du cerf est lent à la vitesse électrique de l'homme, l'aigle lui-même ne peut pas distancer son discours volant. C'est comme si toutes les excellences de la création animale tout entière étaient rassemblées et compactées dans le corps minuscule de l'homme, avec l'ajout de nouveaux dons et facultés ; mais cette concentration de tous les dons distribués au monde animal dans l'homme signifie que les dangers et les difficultés qui sont répartis sur tout le reste de la création animale seront également concentrés sur sa seule personne. L'augmentation de son trésor entraîne une augmentation du danger et de la difficulté. L'immensité de sa dotation ouvre la possibilité d'innombrables erreurs, trébuchements et errances. Par conséquent, plus il est au-dessus de l'oiseau et de la bête, plus la tâche consistant à maintenir correctement ses facultés augmente en ampleur.

De plus, il est difficile de vivre en douceur avec les hommes en raison du conflit continu avec le mal. L'intégrité ne peut jamais être amie avec l'iniquité, ni la liberté avec la tyrannie, ni la pureté et la douceur avec la saleté et l'immondice. Il n'existe aucune compétence permettant à Jean de vivre en paix avec Hérode. Paul, l'auteur de l'ode à l'amour, fut toujours en guerre contre Néron et eut enfin la tête coupée. Guillaume Tell ne pouvait pas s'entendre avec Gesler, le tyran qui a privé les Suisses de leurs droits. Lorsque les colombes apprendront à vivre en paix avec les faucons et que les agneaux apprendront à s'entendre avec les loups, les hommes bons et vrais apprendront à vivre en paix avec le vice et le crime. La méchanceté signifie la guerre, pas la paix.

La diplomatie ne peut vaincre la diablerie. Ce ne sont pas les ambassades, mais les régiments qui surmontent une oppression tenace. Les hommes intègres et raffinés ne peuvent avoir qu'une seule attitude envers la corruption, l'ivresse, le parasitisme, l'iniquité dorée : l'attitude d'une hostilité sans compromis. Une virilité langoureuse et émasculée peut endurer silencieusement de grands torts pour le bien de la paix et de la tranquillité ; mais jamais une virilité robuste. L'un des dangers de notre époque et de notre nation est la tendance à concilier le mal et à aplanir la méchanceté par un faux sens de la charité. Le génie dore le vice, et l'esprit et l'éclat transforment le mal en ange de lumière. Expulsez seulement l'ennui et rendez le mal artistique, et cela est toléré ; mais le vice vêtu du costume d'une reine est aussi véritablement un vice que lorsqu'on est vêtu de haillons et qu'on vit dans la misère. S'habituer au mal, garnir le péché, obscurcir et endormir la sensibilité à ce qui est juste et beau, c'est extirper la virilité et devenir un simple morceau de chair. Aucun homme n'a le droit d'être l'ami de l'iniquité. Dans un monde méchant, les seules personnes qui peuvent vivre en paix sont celles qui vivent dans les cimetières. À une époque et dans un pays comme le nôtre, seuls les hommes à la bouillie et au clair de lune peuvent être amis avec tout le monde.

Compte tenu du crime, de la pauvreté et de l'ignorance de notre époque, pour un homme, vivre de manière à ce que ses amis puissent écrire sincèrement sur sa pierre tombale : « Il n'a jamais eu d'ennemi », c'est pour lui une éternelle disgrâce. Un tel homme ne devrait jamais être coupable de montrer sa face au ciel, car il découvrira que les anges, au moins, sont ses ennemis. En regardant vers l'intégrité, Christ est venu apporter la paix. En regardant vers l'iniquité, Christ est venu apporter l'épée. Ce n'est que lorsque tout mal aura été transformé en bien, tant que toute tempête n'aura pas été apaisée, tant que la paternité de Dieu et la fraternité de l'homme n'auront pas été incarnées dans des institutions que les conflits cesseront et qu'une vie douce envers tous les hommes deviendra une réalité.

L'ambition et les conflits d'intérêts nuisent également à la douceur de vivre. Aucune époque n'a peut-être offert de stimulants plus puissants à l'ambition. Le domaine est ouvert à tous et les récompenses sont grandes. D'où l'expression d'Emerson : « aspiration infinie et performance infinitésimale ». Le contentement est l'exception, l'aspiration est universelle. En effet, la tentation nationale est l'ambition. Un marchand américain vit plus en un an qu'un Oriental en quatre-vingts ans ; plus en une heure qu'un marchand indien en vingt-quatre. Les provocations à la réflexion et à la planification sont si puissantes que l'excitation cérébrale est presque continue. En avançant, les jeunes trouvent toutes les voies ouvertes et on leur dit que chaque honneur et chaque position sont des réalisations possibles ; le résultat est que l'individu se retrouve en concurrence avec tout le reste de la nation. Comme la lutte est féroce ! Quelles rivalités intenses ! Quelles batailles entre adversaires ! Quels conflits dans les affaires !

En politique, convoitant les honneurs nationaux, les hommes passent des mois à préparer une campagne. Un vaste mécanisme humain s'organise avec des ramifications qui s'étendent à travers la nation. Comme autrefois, à la cour du roi Arthur, des chevaliers entraient dans le tournoi et des Lancelot vêtus d'une armure d'acier partaient à la rencontre d'Ivanhoé dans un combat mortel ; il en est ainsi aujourd'hui, lorsqu'un chevalier à plumes en rencontre un autre dans l'arène politique : l'un vainc et l'autre est tué, en ce sens qu'il a le cœur brisé.

Dans le commerce, la lutte n'est pas moins acharnée. Les hommes se dressent littéralement les uns contre les autres comme des canonnières, transportant des missiles mortels. Si demain des conflits et des conflits surgissaient dans chaque jardin, si la rose plantait son épine dans le chèvrefeuille ; si la violette, de sa humble sphère, jetait de la boue sur la blancheur du lis ; si le blé soulevait sa tige pour écraser l'orge ; si le rouge-gorge devenait jaloux de la douce voix de l'alouette et si le loriot organisait une campagne pour exterminer la grive, nous aurions un conflit dans la nature qui répondrait aux conflits et aux guerres dans la société. L'universalité des conflits dans la société est démontrée par le fait que le symbole national de l'Angleterre n'est pas une colombe, mais un lion ; Celui de l'Amérique est un aigle, et celui des autres nations est le léopard et l'ours. Dans les guerres nationales, où les hommes, après des années de labeur, ont planté des vignes, cultivé des vergers, construit des maisons et des villes, ils brûlent les maisons, détruisent les greniers, coupent les vignes et les vergers ; et ces querelles publiques périodiques ne font que caractériser les querelles et les troubles privés, tout aussi destructeurs. Darwin pensait que les hommes descendaient des animaux, et certains hommes descendaient littéralement. Certains semblent être passés par le loup ; certains ont la ruse du renard ; certains ont la cruauté du lion, et certains sont aussi combatifs que des bouledogues. Or, il n'est pas facile de conserver sa dignité lorsqu'un petit chien vous mord les talons derrière et qu'un dogue vous menace avant. Et certains hommes semblent réunir les deux éléments ; ils courent derrière vous et vous mordillent, ils vous précèdent pour aboyer et menacer. Dans de telles circonstances, il n'est pas facile de vivre harmonieusement et charitablement. Il est facile d'apprivoiser les lions, mais apprivoiser les hommes n'est pas facile. Il est facile de maîtriser le courant des rivières, mais il est difficile de résister à la force de l'opinion publique. Mais au milieu de tous les conflits et affrontements de la vie, cette tâche nous incombe. Nous devons maintenir la paix, aimer nos ennemis et, en fin de compte, maîtriser l'art de vivre correctement avec nos semblables.

Toutes les personnes intéressées par l'amélioration de la société pensent que s'entendre avec les hommes est le but et la fin de la vie. Les écoles ne peuvent enseigner aucune autre connaissance comparable à celle-ci. Il est important d'entraîner l'enfant à la musique, de l'entraîner à parler en public, de lui apprendre à manier le cheval et le chien, à nager et à monter à cheval, à se servir des outils et des moteurs, à connaître la nature et la production de la richesse ; mais il est bien plus important que la jeunesse acquière la connaissance des hommes et devienne un étudiant habile de la nature humaine ; pour apprendre à lire le visage comme un livre ouvert. Si le juriste étudie les hommes et leurs motivations pour découvrir la vérité ; si le médecin étudie des hommes pour des raisons de diagnostic ; si le commerçant étudie en pensant à son profit, et le politicien en pensant à la promotion, le citoyen doit comprendre ses semblables dans l'intérêt d'assurer leur bonheur et leur bien-être le plus élevé. Il est d'ailleurs important qu'un homme soit bien soigné et bien entretenu ; doit être instruit et raffiné, tout comme il convient que les tuyaux d'un orgue soient décorés à l'extérieur.

Néanmoins, le test d'un orgue est la mélodie et l'harmonie qu'il contient. Et le test de la virilité n'est pas l'élégance extérieure, mais l'habileté intérieure à exercer ses facultés. L'homme n'est qu'un homme rudimentaire lorsqu'à ces stades il fait des erreurs dans toutes ses réunions avec ses semblables, et ne peut acheter ni vendre, voter ou converser, sans nuire, gâcher, déprimer, décourager ses semblables. À notre époque, de nombreux livres ont été écrits semblables au volume de Lyman Abbott intitulé « L'étude de la nature humaine », et le moment est pleinement venu où chaque enfant devrait être préparé à l'avance pour le combat de la vie et apprendre à se protéger contre le tournoi. Lorsque les écoles ont formé l'enfant à l'usage des outils, étant donné l'habileté linguistique pour parler et l'habileté mentale pour penser, il reste à lui apprendre l'étude des hommes, les particularités de chacun des cinq tempéraments ; la nature et le nombre des impulsions animales ; l'utilisation des impulsions sociales et industrielles ; le contrôle des pouvoirs acquisitifs et spirituels. Car la conduite de l'homme en présence du feu et de la forêt est le moindre de ses devoirs. Ce qui le mettra à rude épreuve et le déstabilisera, et peut-être le détruira, sera le transport de ses facultés au milieu de tous les affrontements et conflits, du vacarme et des batailles du marché et de la rue. Et au milieu de tous les conflits, tel doit être son idéal : se comporter envers ses ennemis et envers ses amis, selon le modèle de Celui qui « fait briller son soleil sur les méchants et les bons, et sa pluie tomber sur les justes ». et les injustes. »

La mesure de la virilité est le degré d'habileté atteint dans l'art de se comporter de manière à répandre sur les hommes toutes les inspirations de l'amour et de l'espérance, et à susciter le bien même chez les plus méchants et les plus méchants de l'humanité. En passant par la vie, l'âme doit être une productrice de bonheur et une distributrice de joie. Sans réflexion consciente, les violettes dégagent du parfum ; sans volonté, l'aimant tire la limaille de fer ; sans but, la bougie pousse ses rayons de lumière dans l'obscurité ; et tel doit être le poids de la bonté en chaque homme, que sa simple présence sera ressentie. Car l'âme possède le pouvoir de bénir ou de détruire ; il peut élever ses facultés de frappe, comme un ennemi lève le marteau au-dessus du vase fragile ou du marbre délicat ; grâce à la parole, l'homme peut remplir tout le ciel de tempêtes, ou il peut balayer tous les nuages de l'horizon. L'âme peut atténuer la colère de l'homme, ou elle peut attiser la colère ; cela peut apaiser les conflits ou aiguiser la haine. Le thermomètre n'est pas aussi sensible à la chaleur, le baromètre au poids, l'assiette du photographe à la lumière, comme l'âme l'est aux dix mille influences de ses semblables.

Pour la majesté et la beauté d'influence subtile, rien n'est comparable à l'âme. Le soleil suspendu à l'horizon n'a pas un tel pouvoir de fleur et de fruit qu'un cœur chrétien à l'orbe plein, riche de toutes les bonnes influences, palpitant de bonté et de sympathie, radieux comme un ange. Grande est l'habileté de l'homme à manier les moteurs de force ; le merveilleux contrôle des vents et des rivières par l'homme ; merveilleux la maîtrise des moteurs et des idées. Mais l'homme lui-même est plus grand que les outils qu'il invente, et l'homme se présente doté du pouvoir de contrôler et d'influencer ses semblables, dans la mesure où il peut adoucir leur amertume, apaiser leurs conflits, supporter leurs fardeaux, les entourer d'une atmosphère d'espoir et de sympathie. . Dans la mesure où les hommes ont des capacités, du talent et du génie, ils doivent être les gardiens, les enseignants et les nourrices des hommes, se comportant avec tendresse et sympathie envers l'ignorance, la pauvreté et la faiblesse. Toute la majesté de l'été, toute la gloire des tempêtes, toute la beauté des galeries n'est rien comparée à la majesté et à la beauté d'une virilité pleine d'orbe et symétrique. S'il y avait dans chaque village et ville une conspiration de quelques personnes vers ce raffinement et cette culture, cette beauté et cette douce vie chrétienne, la présence de ces personnes formées par le Christ transformerait la communauté. Une telle nature moissonneuse possède le pouvoir de civiliser une ville entière. Nous n'avons pas plus besoin de démontrer la valeur d'un caractère sain et sain, semblable à celui du Christ, que nous n'avons besoin de prouver la valeur de l'été tout glorieux, lorsqu'il remplit la terre de parfum, l'air de fleurs et toutes les branches de fleurs. fruits succulents. Chaque jeune chrétien doit être un créateur et un réparateur d'hommes. Il doit aider et non blesser les hommes. C'est marcher dans l'amour. Il s'agit de vaincre le mal par le bien. Il ne s'agit pas d'un évangile imprimé mais vivant. Il s'agit d'être un maître de l'art de vivre correctement et un professeur de la science de la construction du caractère.

LES RÉVÉLATEURS DE CARACTÈRE

"Certains hommes avancent dans la vie comme un groupe de musique se déplace dans la rue, projetant du plaisir de tous côtés dans les airs, à tous ceux qui peuvent écouter, de loin ou de près." - *Beecher.*

"La vérité tyrannise les membres réticents du corps. Aucun homme n'a besoin d'être trompé s'il étudie les changements d'expression. Quand un homme dit la vérité dans l'esprit de vérité, son œil est aussi clair que les cieux. Quand il a des fins basses. , et parle faussement, l'œil est trouble, et parfois louche. "- *Emerson.*

XIII

LES RÉVÉLATEURS DE CARACTÈRE

Dans l'Antiquité, les biens personnels portaient la marque de leur propriétaire. Tous les troupeaux se nourrissaient ensemble du commun. Pour que chacun connaisse le sien, le berger coupait les oreilles de ses moutons ou marquait ses bœufs au fer chaud. Par la suite, à mesure que la richesse augmentait, les hommes étendaient les marques de propriété. L' empereur a gravé son image sur la pièce d'argent. Le prince a apposé ses initiales sur le porche du palais. Le paysan a gravé son nom sur les briques de sa chaumière. Les esclaves étaient une forme de propriété. Athènes comptait 80 000 citoyens libres et 400 000 esclaves. Comme ces esclaves étaient susceptibles de s'enfuir, leurs propriétaires les marquaient. Parfois, un cercle était gravé dans la paume ou une croix sur le front ; et souvent, le nom du propriétaire était tatoué sur l'épaule de l'esclave. L'un des cadeaux de l'Antiquité dans notre vie moderne est l'usage de la marque. Aujourd'hui, les fabricants soufflent leurs initiales dans le verre ; ils façonnent la marque dans l'acier et la tissent en tapisseries.

Dans son cachot, tout rappelait à Paul ces marques de propriété. Ses chaînes portaient les initiales de l'Empereur . Les esclaves qui lui apportaient de la nourriture portaient la marque de Néron. Les briques mêmes du sol de son donjon étaient estampillées du nom du tyran. Mais, s'éloignant de ces marques de servitude, sa vision s'étend sur un horizon plus large. Lui aussi était une propriété. Il était effectivement un homme libre, mais il n'était pas le sien. L'esprit et le cœur étaient marqués de l'image et de l'inscription de Dieu. Aucun fer chaud ne l'avait mutilé, mais les ennuis avaient engendré le raffinement et l'amour divin avait laissé sa marque indélébile. Finie en effet la beauté fraîche et lumineuse qu'il avait lorsqu'il asseyait un garçon aux pieds de Gamaliel ! Depuis le jour où la foule de Lystres lui avait levé des pierres ; depuis sa flagellation à Philippes, il portait les marques du martyre. La souffrance avait creusé de profonds sillons sur son visage. Mais toutes ses cicatrices étaient honorables. Ils témoignaient de sa conquête de la facilité et de la complaisance. Ces marques lui sont chères : elles le liaient à son Maître, le Seigneur Jésus. Ils le remplissaient de grands espoirs, car les mêmes marques qui faisaient de lui un esclave de Dieu et de l'immortalité le libéraient de la terre et des choses terrestres. Réfléchissant, d'humeur royale, le héros balafré s'écria : « Que ni la faim ni le froid, que le fléau ni la menace du tyran ne me troublent, car je porte dans mon corps les marques du Seigneur Jésus.

Maintenant, Dieu a ordonné que, comme celui de Paul, chaque corps humain enregistre son histoire personnelle, publie les actes d'un homme et proclame son allégeance au bien ou au mal. Le visage et la forme humaine sont revêtus de dignité dans la mesure où les pages charnelles d'aujourd'hui montrent les actes de l'âme d'hier. L'expérience nous enseigne que le métier affecte le corps. Des mains calleuses trahissent l'artisan. Le visage crasseux proclame le charbonnier. Celui dont les vêtements exhalent de douces odeurs n'a pas besoin de nous dire qu'il s'est attardé longtemps dans le jardin odorant. Mais le visage et la forme sont également sensibles aux rouages subtils de l'esprit. La luminosité mentale produit l'illumination du visage. L'obliquité morale émousse et endort les traits. Il n'y a jamais eu de bel idiot. Il ne peut jamais y avoir de bel imbécile. Mais la douceur et la sagesse glorifient le visage le plus simple.

Les médecins nous disent qu'aucune maladie intense ne suffit à expulser la dignité et la majesté du visage d'un homme bon, et que la souffrance physique ne peut pas non plus détruire la douceur et la pureté du visage d'une femme noble . On dit qu'après ses quarante jours sur le mont Moïse, le visage brillait. Tous les grands artistes peignent Sainte Cécile le visage levé, écoutant une musique céleste, et toute rayonnante de lumière, comme si les rayons du soleil tombant d'en haut avaient transfiguré le visage de la douce chanteuse. Ceux qui ont vu Daniel Webster lors de son discours sur les Pères Pèlerins disent que le visage de l'homme d'État leur faisait penser à une statue de bronze transparente brillamment éclairée de l'intérieur, avec la luminosité qui brillait à travers le visage.

Mais les yeux sont les principaux révélateurs de l'âme. Tennyson a parlé des yeux du roi Arthur comme de « bassins d'amour le plus pur ». De même qu'il y a des sédiments au fond d'un verre d'eau impure, de même il y a de la boue au fond de l'œil d'un méchant. Ainsi, d'une manière étrange, le corps raconte l'histoire de l'âme. La santé affiche ses signaux sur des joues roses ; la maladie et la mort prédisent leur histoire dans la poussée trépidante, de même que les feuilles d'automne rougissantes présagent les fortes gelées de l'hiver ; les rides anxieuses sur le visage de la mère trahissent ses fardeaux secrets ; la pâleur du savant est la révélation de sa vie, tandis que le front serré du marchand interprète les problèmes épineux qu'il doit résoudre.

En pensant à la tristesse pathétique du visage de Lincoln, tout marqué et sillonné de soins et d'anxiété, le secrétaire Stanton a déclaré que le visage du président était une page vivante, sur laquelle était écrite toute l'histoire des batailles et des victoires de la nation. On nous raconte que lorsque les Vaudois ne purent plus supporter l'horrible cruauté des inquisiteurs, ils s'enfuirent vers les forteresses des montagnes. Là, épuisé par la souffrance, le courageux leader fut frappé par la mort. Sortis de leurs cachettes, les fuyards se rassemblèrent autour du cercueil du héros. En se baissant, l'un d'entre eux relevait les cheveux du front du jeune mort et disait : « Les cheveux de ce garçon, devenus fins et blancs grâce à un labeur héroïque, témoignent de son héroïsme. Ce sont les marques de sa fidélité. Ainsi, pour ceux qui savent lire les écrits, le visage de chaque grand homme est entièrement recouvert de littérature de caractère. Son corps condense toute son histoire, tout comme la Déclaration d'Indépendance est condensée dans les limites d'une minuscule pièce d'argent.

La majesté calme est face à Washington ; patience pathétique et dignité divine chez Lincoln ; Le visage de John Brown est inflexible, bien que la sympathie ait transformé la dureté en douceur ; l'intellect est chez Newton ; l'imagination pure est chez Keats et chez Milton ; la substance héroïque est dans le visage de Cromwell et dans celui de Luther ; une tristesse pathétique se retrouve dans les yeux de Dante ; la conscience et l'amour brillent face à Fénelon . En vérité, le corps est l'interprète de l'âme ! Comme Paul, chaque homme porte dans son corps les marques, soit de l'ignorance et du péché, de la peur et du remords, soit les marques de l'héroïsme et de la vertu, de l'amour et de l'intégrité. A l'évangile de la page ajoutons l'évangile du visage.

Mais que personne ne trouve étrange que l'âme intérieure enregistre ses expériences dans le corps extérieur. Dieu déteste le secret et aime l'ouverture. Il a ordonné que la nature et l'homme publient leur vie secrète. Chaque graine et chaque germe a une tendance instinctive à la révélation de soi. Chaque bouton de rose souffre du désir de dérouler ses pétales et d'exposer son secret écarlate. Pas un seul morceau de charbon ne murmure au microscope l'histoire complète de cette scène lointaine où les branches, les bourgeons et les fleurs odorantes étaient pressés ensemble dans un seul morceau de cristal brillant. Les grandes dalles de pierre avec la trace de l'oiseau gravées dans la roche représentent pour nous les créatures ailées des temps anciens. Lorsque les voyageurs traversant les montagnes Rocheuses contemplent les publicités enflammées écrites sur les rochers, ils pensent que la nature utilise également les pages rocheuses pour conserver ses mémorandums privés de tous ces événements liés à son histoire d'incendies, d'inondations et de glaciers. Lorsque nous parlons d'une découverte scientifique, nous entendons qu'un penseur perspicace est tombé sur une page du journal de la nature et l'a copiée pour son imprimeur. Les coquillages posés sur la crête des hautes collines constituent un chapitre de l'histoire de cette époque où les vagues de l'océan se brisaient contre les sommets des hautes montagnes.

En voyageant pendant ses vacances d'été dans la région de la baie d'Hudson, le voyageur rapporte des morceaux de charbon contenant des croissances tropicales. Ces carnets carbone de la nature nous racontent une époque où les régions de glace et de neige étaient couvertes de fruits et de fleurs tropicaux, et suggèrent un accident qui a fait basculer notre terre et prendre un nouvel angle vers le soleil. En effet, notre terre porte dans notre corps les marques de toute son histoire, de sorte que le scientifique est capable de raconter avec une merveilleuse exactitude les événements survenus il y a cent mille ans. Déjà le rayon de Röntgen prédit le temps où « rien ne sera caché qui ne soit révélé, ni caché qui ne soit connu ; où ce qui a été fait en secret sera proclamé sur les toits ». Le professeur Babbage, le mathématicien, a dit que l'atmosphère elle-même est en train de devenir un vaste phonographe sur le cylindre sensible duquel sera écrit tout ce que l'homme a dit ou la femme murmuré. Pas un mot d'injustice prononcé, pas un cri d'agonie poussé, pas un argument en faveur de la liberté, mais cela est enregistré de manière indélébile, de sorte qu'avec des mathématiques supérieures et une vue et un sens plus aiguisés, le futur scientifique puisse tracer chaque particule d' air placée dans l'air. en mouvement avec autant de précision qu'un astronome trace la trajectoire d'une étoile en mouvement ou d'une planète lointaine.

Récemment, on a raconté l'histoire d'un cambrioleur qui avait accidentellement déchargé une lampe au magnésium reliée à un Kodak sur une étagère. Il était minuit et tout le monde dormait dans la maison. Mais le Kodak était réveillé et au travail. Effrayé par la lumière soudaine, le voleur s'est enfui, laissant derrière lui son butin. Mais il a aussi laissé son visage. Le lendemain, au tribunal, le Kodak l'a reconnu coupable. Ainsi, la nouvelle science place chaque homme au centre d'un terrible système photographique et télégraphique qui enregistre de manière indélébile les paroles et les actes de l'homme. Aucune respiration n'est si faible qu'elle ne puisse échapper à son enregistrement ; aucun murmure si bas, aucun plan si secret, aucun acte maléfique si sombre et silencieux. La mémoire peut oublier, mais la nature jamais. Dans les pages de l'univers physique, l'histoire de chaque vie humaine est perpétuellement devant le juge de toute la terre.

Il est profondément intéressant de voir comment chaque être vivant porte dans son corps l'histoire de sa dégradation, ou l'histoire de son ascension et de son exaltation. Même chez les êtres qui rampent et rampent, toute l'histoire de la vie se déroule dans le corps animal. La balane de navire a commencé sa carrière avec deux yeux splendides. Mais il utilisait sa vision pour trouver une place facile sur le bord d'une jetée ou d'un navire. Abandonnant la locomotion, il est devenu élégant et gros, et finalement ses grands yeux sont devenus ternes à cause d'une mauvaise utilisation, et maintenant ils sont morts. Lorsque les écureuils quittèrent les forêts de l'ouest et se dirigèrent vers les prairies ouvertes, ils commencèrent à s'enfouir dans le sol. Finalement, faute d'être utilisés, ils perdirent toute puissance de montée. Parmi les oiseaux, le coucou paresseux a commencé par voler le nid qu'un autre oiseau avait construit. Mais il a payé un lourd tribut pour son vol, car maintenant, lorsque le coucou est enfermé par l'homme et veut un nid qui lui soit propre, il travaille sans but et a perdu toute capacité de se créer un nid douillet et chaud.

Dans les climats nordiques, le gui a une racine pivotante normale et saine. Mais dans notre sol riche, il est devenu trop délicat pour la terre et a choisi la vie d'un parasite. Ainsi, la petite graine enfonça ses racines extérieures dans l'écorce du chêne et aspira paresseusement la riche sève de l'arbre. Bientôt le luxe et le fait de vivre de la vie d'autrui ruinèrent le gui, tout comme la génération des jeunes Romains fut ruinée par la richesse de son père ; tout comme un garçon actif et en bonne santé est détruit lorsqu'il commence à être un paresseux et va chez la tante – une tante riche – et attend qu'elle meure. Et puisque toutes les créatures inférieures portent dans leur corps les marques de toute leur histoire de vie, il semble naturel de s'attendre à ce que le corps de l'homme, à travers sa santé et sa beauté, ou sa faiblesse et sa décadence, raconte l'histoire de la façon dont l'âme intérieure a évolué. vécu et travaillé. Un petit voyage dans nos rues nous prouvera que l'iniquité laisse sa marque au visage. Dickens décrit Fagin comme un homme qui était une solide bestialité et une méchanceté faite d'os et de tissus. Chaque trait était aussi éloquent de coquinerie que celui d'un singe d'idiotie. Au contraire, dans le royaume de la morale, il y a des hommes qui semblent d'une bonté, d'une bonté et d'une vertu solides, liés ensemble par des liens charnels. Même les ancêtres les plus lointains laissent leurs traces dans le corps de l'homme.

On a récemment découvert que l'écriture de l'un de nos présidents était presque exactement celle qui figurait dans le testament de son grand-père. La famille Bourbon s'est toujours distinguée par son nez aquilin. L'une des plus anciennes familles de la Nouvelle-Angleterre est connue pour la longueur et la force de ses bras singuliers. La beauté est une marque dans une famille et la taille est une marque dans l'autre. Parce que l'homme est créé à l'image de Dieu , nous recherchons naturellement ces marques divines dans le corps de l'homme appelées beauté et teint, tout comme nous recherchons le nom de l'artiste sur le coin de son tableau, ou le nom du sculpteur sur le piédestal de sa statue. Même si la joue d'un bébé est plus haute que la pêche rougissante, elle devrait être plus belle. Et parce que les arbres de la forêt avancent vers octobre et la mort revêtue de leurs robes les plus brillantes, nous sommes en droit d'espérer que l'homme dans sa vieillesse atteindra lui aussi la plus haute beauté et la plus haute perfection.

Mais ce n'est pas le cas. L'histoire de l'homme a été une histoire d'égoïsme et de péché, et son corps en porte les marques. Ses traits sont « marqués par la maladie, ternis par la sensualité, convulsés par la passion, pincés par la pauvreté, assombris par le chagrin, marqués par le remords ». Les corps des hommes sont consumés par la paresse, brisés par le travail, torturés par la maladie, déshonorés par des usages immondes, jusqu'à ce que, voyant les « marques » de caractère sur le visage naturel dans un verre, des multitudes voudraient oublier quelle sorte d'hommes ils sont. Car le visage humain est une toile et l'écriture de la nature continue toujours. Mais de même qu'un mauvais acte ou une mauvaise action appose son sceau de distorsion sur les traits, de même l'acte juste ou la pensée vraie appose son sceau de beauté. Il n'y a pas de cosmétique pour les gens simples comme le caractère. Même le visage le plus simple devient beau dans des ambiances nobles et rayonnantes. Celui qui voit la vision du visage du Christ prendra enfin la ressemblance de son Maître au point de porter également dans son corps « les marques du Seigneur Jésus ».

Considérez les habitudes et les désirs inconscients comme des marques de caractère. Quand Arnold de Rugby emmena ses garçons en vacances à Londres , il trouva les révélateurs de personnalité dans les objets qu'ils visitèrent pour la première fois. Le jeune homme qui avait consacré chaque moment libre à dessiner se dirigea immédiatement vers la galerie. Le jeune Stanley, méditant déjà sur des thèmes moraux, se tourna vers l'abbaye, dont il devait accroître la renommée. Les aspirants aux honneurs politiques se précipitèrent vers les chambres du Parlement. Ainsi aussi les étudiants en physionomie tentent de surprendre le sujet lorsque les rides inconscientes et habituelles apparaissent sur le visage. Le genre de livres qu'on aime lire, les divertissements qu'on recherche, les amis qu'on choisit, sont autant de révélateurs. Récemment, un voyageur anglais a publié un volume d'impressions concernant l'Amérique. Ne trouvant pas grand-chose à louer, le voyageur trouve beaucoup à critiquer et à blâmer. Au cours de son séjour de deux ou trois semaines dans nos villes, il nous raconte qu'il a découvert des spectacles et des scènes qui feraient honte à Sodome et Gomorrhe, et déplore que dans cette terre jeune et fraîche, les choses soient aussi mauvaises qu'à Londres et à Paris. où ont dérivé la racaille et les épaves de la société.

Quelle révélation ! non pas de la ville, mais du critique lui-même. Mais parce qu'il s'intéressait à d'autres choses, le rédacteur en chef d'une revue anglaise a trouvé ici matière à discussion fructueuse sur « La vie supérieure des villes américaines ». Des multitudes ont séjourné ici pendant vingt ans et n'ont même pas entendu parler d'orgies et d'excès. Pourtant, si l'abeille est aveugle à tout sauf aux fleurs ; si le ver ne se soucie que du bois pourri ; si la taupe creuse vers le bas, il y a des natures qui ne peuvent se reposer tant qu'elles n'ont pas déniché ce qu'elles recherchent avec amour et désirent ardemment trouver. Les habitudes révèlent aussi la personnalité. D'abord la rivière creuse le canal, puis le canal contrôle la rivière, et lorsque les facultés, par répétition, ont formé des habitudes, ces habitudes deviennent des sillons et des canaux pour contrôler les facultés. Quelles marques graves le pauvre Coleridge avait-il ! Une fois, cet érudit passa quinze jours à prononcer un discours annuel. Mais pendant que le public se rassemblait, Coleridge quitta ses amis et sortit par la porte arrière de la salle pour partir à la recherche de sa drogue préférée, laissant son public maîtriser sa déception du mieux qu'il pouvait.

Et voici Robert Burns, portant aussi dans son corps les marques de sa propriété. Car ce génie sans égal a été détruit et ruiné, non pas par les ruses de celui au pied fourchu, mais par des tentations qu'on a qualifiées de « divines ». Ce glorieux jeune homme n'a pas été détourné du chemin par le désir d'être un méchant froid et calculateur dans son traitement envers Jean, ou de mourir de boisson dans la fleur de l'âge, ou de laisser sa veuve et ses orphelins dans la pauvreté. Burns aimait vers le haut, aimait les choses nobles et belles ; et son amour même de la beauté et de la grâce, son amour de la bonne compagnie, de l'esprit, du rire et du chant, et toutes les splendeurs orageuses de la jeunesse au printemps, tels sont les pièges et les ruses qui ont attrapé son beau génie et l'ont emmené captif.

Aujourd'hui, pour celui qui a des yeux pour voir, les marques d'une pareille démesure sont également sur notre génération. Quelle révélation du goût de notre époque dans le nouvel amour de la littérature très épicée ! Toute l'histoire ne contient pas de littérature plus noble que celle de langue anglaise. Notre poésie fournit du nectar aux anges ! Nos philosophies du pain pour les géants ! Les essayistes fournissent de la nourriture aux dieux ! Néanmoins, une multitude de personnes se sont détournées de cette glorieuse fête pour se tourner vers la littérature de fiction très épicée.

Un voyageur raconte avoir vu les abeilles s'attarder si longtemps à côté des cuves de la distillerie qu'elles en sont devenues maudlins. Et l'amour des stimulants en littérature est l'une des marques de caractère de notre génération. Les excès menacent notre peuple. Les hommes ont hâte d'être des érudits et se précipitent sur un chemin qui mène droit à la tombe. Les hommes ont hâte de trouver du plaisir, mais ils découvrent que les fleurs ont poussé dans le cimetière. Les hommes sont fébrilement avides de richesse et, transformant tout leur temps et leur force en or, ils découvrent qu'ils n'ont pas de santé pour profiter de la douceur rassemblée. La hâte de préparer le dîner a détruit l'appétit. On nous dit que « la modération et l'équilibre sont les secrets de tout art réussi », comme ils le sont de toute vie réussie. Laissez libre cours à l'appétit et à la passion, et la satiété, le désenchantement et la tombe arrivent vite. La santé, le bonheur et le caractère passent par la retenue. Ainsi, en vérité, l'habitude et le trait de l'individu ou de la génération deviennent une marque dans le corps qui est le révélateur du caractère.

Ce que les hommes appellent aujourd'hui caractère est en réalité une autre des marques du Seigneur Jésus. De temps en temps apparaît dans la société un homme dont la présence même émane d'une atmosphère et d'un sentiment de pouvoir – un pouvoir qui s'empare de l'imagination du spectateur et le tient essoufflé, tout comme on reste essoufflé lorsqu'on est rattrapé par un sentiment naturel de maîtrise excessive. sublimité. Ces hommes étrangement doués ne sont apparus qu'à intervalles de plusieurs siècles. Si un homme ordinaire est attaqué dans un endroit isolé par des piétons armés, il se retrouve impuissant. Mais l'histoire parle d'un homme qui possédait de telles réserves que, lié et sans aide, il pouvait se délivrer de toute une bande de voleurs. Surpris un jour par une compagnie de bandits, il fut renversé, volé et ligoté. Mais lorsqu'il reprit conscience, il ôta les cordes de ses poignets, fit sortir son sac à main et ses bagues des poches des voleurs dans les siennes, attacha ses ennemis - non pas avec des cordes, mais avec des mots liés - les ramena à la ville au lieu de les attacher. loin de là et a envoyé les waylayers en prison.

De même, l'histoire nous parle d'une demi-douzaine d'hommes au cours des deux mille dernières années qui ont porté cette même atmosphère omniprésente. Depuis plus d'un siècle, les étudiants en oratoire s'efforcent d'expliquer l'éloquence de Whitefield. Cet homme avait un tel pouvoir que les hommes d'État et les philosophes de Londres avaient l'habitude de quitter la métropole le samedi et de voyager loin à travers la campagne pour rejoindre les foules, souvent au nombre de vingt mille personnes, qui suivaient ce prédicateur de village en village. David Hume, le sceptique, expliquait le charme de Whitefield en disant que le prédicateur parlait à son auditoire avec le même abandon passionné avec lequel un amant ardent parle à sa bien-aimée lorsqu'il lui demande la main. Mais Benjamin Franklin nous dit que le charme du discours de Whitefield n'était pas sa voix musicale, ni le courant de ses pensées claires comme du cristal, ni ses soudaines explosions électriques, lorsque le grand homme semblait en feu ; Ce que les hommes ont tenté en vain d'analyser, c'était son caractère : la bonté et la sincérité qui brillent et palpitent dans et à travers les mots, tout comme le courant électrique brille et palpite à travers les fils de connexion. Un autre de ces hommes, mais de moindre envergure, était Lamartine. Pendant la Révolution française, lorsque la foule envahissait les rues, entraînant devant elle les soldats qui s'opposaient à sa progression, Lamartine se dirigea vers le milieu de la rue et se tint devant les dirigeants brutaux. L'influence du caractère de cet homme bon était si puissante que, lorsque le chef dit : « Soldats, nous sommes en présence d'un homme qui représente soixante-dix ans de noble vie », la foule grossière a découvert. Par la suite, lorsque les insurgés ont déposé les armes, c'était en hommage à la supériorité de caractère sur les armes et la force brute.

Mais quand nous lisons ces natures dominantes, nous ne devons pas penser que ces êtres inspirateurs avaient leur influence par quelque étrange pouvoir magnétique, ni qu'ils jetaient un sort sur les gens comme le sort que le chat jette sur la souris avec laquelle ça joue. Leur puissance a été, pour l'essentiel, la puissance du bien. La marque principale que Paul, Wesley, Wilberforce et tous les grands ont portée dans leur corps est la marque de caractère. Quelle beauté est la statue ; quelle est la maturité du fruit ; quelle est la force du corps ; quelle sagesse est à la raison, ce caractère est à l'âme !

Grand est le pouvoir des obligations et de l'or ! Grande influence des coutumes et des institutions ! Mais la plus grande force qui puisse exister dans une société est la présence et le pouvoir d'hommes de bien. De même que la pluie, la terre et les rayons du soleil ne sont que des matières premières qui doivent être rassemblées et condensées en fruits mûrs, de même les outils, les connaissances et les biens ne sont que des matières premières qui doivent être transformées en la fine substance du caractère. Heureux tous ceux qui ont subordonné les impulsions animales et les facultés industrielles aux sentiments moraux. Trois fois heureux ceux qui ont porté toutes leurs facultés jusqu'à l'harmonie et à la symétrie. Tous ceux-là, comme Paul, portent dans leur corps les marques du Seigneur Jésus.

Tirer le meilleur parti de soi

"Jusqu'à ce que nous arrivions tous à l'homme parfait." - *Saint Paul.*

" *Chaque âme est une graine.* Ce qu'elle sera n'a pas encore été révélé. " - *H.*

« Très tôt, a déclaré Margaret Fuller, j'ai compris que le but de la vie est de grandir. » Elle-même était un exemple remarquable de la capacité de l'être humain à avancer et à s'élever. On pourrait dire d'elle, comme Göethe disait de Schiller : « Si je ne le voyais pas pendant quinze jours, j'étais étonné de constater quels progrès qu'il avait fait entre-temps."- *James Freeman Clarke.*

"Les personnes qui doivent transformer le monde doivent être elles-mêmes transformées. La vie doit être pleine d'inspiration. Si l'éducation est précieuse, l'âge doit la doubler ; si l'art est doux et noble, nous devons doubler sa richesse et sa puissance ; si la philanthropie est divine , nous devons doubler sa quantité et sa tendresse ; si la religion a de la valeur, doubler ses vérités et se hâter avec elle vers davantage de foyers ; si la vie de l'homme est grande, qu'il considère plus précieux tous ses étés et ses hivers. Le seul devoir de la vie est de diminuer chaque vice et agrandissez chaque vertu. "- *David Swing.*

XIV

TIRER LE MEILLEUR PARTI DE SOI

Deux grands principes traversent toute la société. Vient d'abord le principe de prendre soin de soi et de l'amour de soi. Chaque homme est responsable de son corps et de sa vie. Par prévoyance, il doit se prémunir contre le danger. Par légitime défense, il doit parer aux attaques. En satisfaisant ses instincts de nourriture, de travail et de repos, il doit maintenir l'intégrité de son être. Sur chaque individu repose l'obligation solennelle de tirer le meilleur parti de lui-même et d'accumuler des ressources de connaissance et de vertu, d'amitié et de trésor de cœur. Mais lorsqu'un homme a traité sa raison comme un grenier et l'a stockée avec de la nourriture, sa mémoire comme une galerie et l'a remplie d'images d'un beau passé, sa raison et sa volonté comme des armureries et les a stockées avec des armes pour le jour de la bataille. , alors un deuxième principe s'impose. Responsable de sa propre croissance et de son bonheur, l'homme est également responsable du bonheur et du bien-être de ceux qui l'entourent. Dans la mesure où il a assuré son propre enrichissement personnel, d'autant plus il est tenu d'assurer l'enrichissement et l'avantage social de ses semblables. S'aimer soi-même aux dépens de ses semblables, c'est faire de l'égoïsme une malignité. Aimer son prochain plus que soi-même est une folie et un acte d'autodestruction.

Quelle que soit la valeur de l'individu, elle vient de sa fidélité au premier de ces principes. L'amour-propre travaillant à la raison fait de l'homme un érudit ; travailler vers son imagination fait de lui un artiste et un inventeur ; travaillant à son don de parole, fait de lui un orateur ; travailler avec fierté le rend autonome et autonome. Et lorsque le principe de l'amour du prochain s'affirme, cet amour, travaillant à la pauvreté, transforme l'homme en philanthrope ; travailler à l'iniquité fait de l'homme un réformateur ; travailler pour la liberté fait de lui un patriote et un héros ; travaillant vers Dieu, fait de lui un saint et un voyant.

La nouvelle astronomie fait grand cas des trois lois cosmiques. Notre terre, par une forme d'amour-propre appelée attraction moléculaire, cesse d'être une poussière dispersée et prend la forme d'une planète riche et belle. Mais notre Terre, aimée d'elle-même, est aussi aimée du soleil, et attirée par des bandes invisibles, elle est balayée de l'hiver vers l'été. Vient ensuite un troisième principe, par lequel Neptune et Uranus, situés au bord de l'espace, recherchent la communion avec notre planète et la maintiennent à une distance fixe de la chaleur ardente du soleil. Ainsi l'amour de soi a donné à la terre son individualité, l'amour des autres planètes assure la stabilité, tandis que l'amour du soleil donne le mouvement et la richesse. Travaillant ensemble, ces trois principes assurent l'harmonie et la stabilité du monde planétaire. De même, chaque individu fait partie d'un grand système social. Chacun avance sous l'emprise de trois lois, appelées amour de Dieu, amour du prochain et amour de soi. C'est sur l'obéissance à ces lois que reposent toute la richesse sociale et toute la civilisation.

Nous entendons peu parler d'individualisme et beaucoup de solidarité de la société. Une destruction sans effusion de sang et égoïste des droits du plus grand nombre a menacé les fondements mêmes du bonheur humain et a forcé à reconnaître le fait que la faiblesse et le préjudice d'un seul sont la faiblesse et le préjudice de tous. Notre monde est dans lequel la loi de la survie du plus fort fonctionne non seulement, mais aussi très rapidement. Ainsi , plus un homme possède de richesses, plus il peut réaliser de grandes choses. Aujourd'hui, dit-on, les différents membres de la famille Rothschild dans les différentes capitales européennes contrôlent neuf milliards de dollars. Cette somme s'accumule comme une boule de neige et dépassera bientôt, et peut-être absorbera, la richesse de plusieurs des plus petites nations européennes. De même, dans le domaine de la sagesse, plus un homme en sait, plus il peut en savoir. Sir William Jones nous raconte qu'il a consacré cinq ans à maîtriser sa première langue, tandis que six semaines lui ont suffi pour acquérir son quarantième dialecte. Ainsi, également, dans le domaine de la compétence inventive, chaque outil devient le parent d'une vingtaine d'autres outils. Les études préparatoires au premier mécanisme d'Edison ont duré de longues années ; mais, prenant de l'ampleur, son talent inventif s'est accru en proportion géométrique, jusqu'à ce qu'aujourd'hui le célèbre électricien détienne près d'un millier de brevets ; mais, comme rien ne réussit comme le succès, rien n'est plus ruineux que l'échec. Plus un homme est faible, plus il doit le devenir. Quand un homme qui cherche un emploi est minable, décharné et sans nerfs, sa pauvreté diminue ses chances, mais demain il sera plus faible et plus décharné, et de jour en jour la rapidité de sa déclinaison augmentera.

Surpris par ces considérations, notre génération s'aperçoit que le succès, se nourrissant de ses acquis, engloutira bientôt toutes les énergies de la terre, tandis que l'échec, de plus en plus ruineux, entraînera des multitudes dans l'abîme. La société est donc parvenue à reconnaître pleinement l'importance de l'amour et du service mutuels. Quand un homme tombe, nous sommes de moins en moins prêts à lui donner des coups de pied. Si le mal-né prend du retard dans la course à la vie, la société est de plus en plus prête à le lancer sur une bête. Si le cerveau d'un homme est spongieux et que ses processus mentaux ralentissent, les esprits les plus forts concentrent ses facultés sur leurs énergies plus rapides. Si le printemps moral d'un homme est lent, dit un de nos réformateurs sociaux, la société lui aménage un petit conservatoire éthique, avec chaleur de vapeur et exposition au sud, où les bourgeons reçoivent un peu de stimulation et de poussée judicieuses.

La société reconnaît la dette de la force envers la faiblesse. L'homme qui sait parler devient la voix des muets. Ceux qui possèdent des compétences en matière de richesse deviennent les aumôniers de la générosité en faveur de l'art, de l'éducation et de la morale. Les hommes qui égoïstement reçoivent beaucoup et donnent peu, qui sont devenus des mers mortes de trésors accumulés, perdent leur position dans la société. De plus en plus de villes accordent leurs honneurs et leur estime à ceux qui servent leurs semblables. Les hommes deviennent des magazines, envoyant de la gentillesse partout. Les hommes deviennent des jardins, remplissant tout l'air d'un parfum âcre. Les hommes deviennent des châteaux dans lesquels les pauvres trouvent protection. Les flots de l'iniquité ont longtemps recouvert la terre, mais l'amour est la colombe qui apporte le rameau d'olivier de la paix. L'amour chante l'aube d'un nouveau jour.

Notre génération a raison de mettre l'accent sur le principe de sympathie sociale et de responsabilité sociale. Mais parce que la valeur individuelle est menacée, le moment semble être pleinement venu de souligner également le devoir de l'homme d'aimer et de tirer le meilleur de lui-même. Ces derniers temps, les soins personnels et l'enrichissement personnel, en tant que principes de vie, ont été réprimandés et sévèrement condamnés. Pourtant, le Christ a reconnu l'égoïsme comme un principe très approprié et louable, qui doit être utilisé comme base et mesure de toute valeur morale. Dans la mesure où l'homme aime et s'assure les bienfaits physiques et les incitations sociales de la vie, d'autant plus il doit aimer ses semblables. Et le fait de ne pas s'aimer soi-même avec sagesse et passion finit par rendre impossible à l'homme d'aimer ses semblables. La pensée de Platon est toujours présente : « Il faut remplir le grenier avant de nourrir les pauvres ; il faut acquérir la connaissance avant de donner la connaissance. » Heureux le philanthrope dont la générosité a fondé une école ou une bibliothèque. Mais ce don d'aujourd'hui n'est rendu possible que par l'industrie et l'épargne d'hier. Heureux le chirurgien dont les compétences, en période de crise, ont sauvé des vies précieuses. Mais la main qui réalise ce qui semble être un miracle chirurgical a vingt ans d'études et de pratique vigilantes.

Notre monde est dans lequel la quantité de sagesse, de richesse ou d'amitié à distribuer est prédéterminée par la quantité requise. Le débit du robinet est déterminé par le volume du réservoir. La vitesse de la voiture électrique est fixée par l'énergie stockée dans la centrale électrique. La puissance du piston réside dans la poussée de la vapeur accumulée. Le Nil a la force de nourrir les civilisations, car il y a mille ruisseaux et rivières, mille collines et montagnes qui se trouvent en arrière du courant du Nil et le poussent en avant. Si nous pouvions nous asseoir près de la célèbre vigne de Santa

Barbara et parler avec elle comme avec un ami familier, nous demander comment elle a pu donner à l'homme une demi-tonne de trésor violet en un seul été, la réponse serait que ce riche trésor était cultivé et donné en un été parce que deux cents étés ont été consacrés à la croissance d'une vaste racine et d'un vaste tronc, de grandes tiges et tiges.

Lorsque Nestor se présenta devant les généraux grecs et leur conseilla d'attaquer Troie, il dit : « Le secret de la victoire est de bien se préparer. » On a demandé un jour à Wendell Phillips comment il avait acquis son talent dans l'art oratoire des arts perdus. La réponse fut : « En récupérant cent nuits de livraison de ma part. » Shakespeare nous dit que les nuages donnent à la pluie ce qu'ils reçoivent dans la brume, ce qui est une façon pour le poète de dire que ce qu'il a donné en inspiration, il l'a obtenu par la transpiration. Il y a quelques années , un jeune homme a demandé à un éminent érudit et écrivain ce qu'il pensait de l'enseignement supérieur. « Si j'avais vingt ans et qu'il ne me restait que dix ans à vivre, répondit le publiciste, je passerais les neuf premières années à accumuler des connaissances et à me préparer pour la dixième. » En effet, la mesure de l'influence chez tout homme est la mesure de ses réserves. La jeunesse qui gouvernera demain est la jeunesse qui accumule aujourd'hui des ressources de connaissance et de sagesse, d'autonomie et de courage.

Toute l'histoire ne fait que répéter le principe. En examinant le passé, nous constatons que les nations qui ont apporté de grandes contributions à la civilisation ont été isolées. Nos historiens nous disent que les Hébreux ont donné la conscience et la morale, les Grecs la raison et la culture, le droit et le gouvernement romains, les Teutons la liberté et l'essor de la femme. Mais, chose singulière, aucune de ces nations ne vivait dans un pays ouvert et étendu. Chaque race puissante a habité sur une île ou une péninsule. L'Hébreu fut enfermé entre le désert et la mer, et y fut retenu jusqu'à ce qu'il accumule son trésor moral. Il fut contraint de se rabattre sur ses propres ressources. Par la pratique, il a découvert qu'il n'était pas préférable de voler ; cette société vivait plus heureusement et plus paisiblement lorsque la propriété de chacun était respectée. De la même manière, Dieu lui a confié la tâche de formuler chacun des dix commandements. Petit à petit, le trésor moral s'est accru. Le juriste donnait la loi, le poète chantait des chansons, le prophète déversait sa rhapsodie, le patriote et le martyr mouraient par principe, et le rôle des héros s'allongeait. Enfin , les pages de l'histoire juive furent remplies de noms brillants et glorieux comme les nuits étoilées.

Puis vint Jésus-Christ, remplissant tout le pays d'énergies spirituelles. Bientôt, la pression des forces morales fut si forte qu'elle brisa toutes les contraintes. Alors ces trésors moraux se déversèrent sur toute la terre. Après avoir consacré les deux mille ans précédant Jésus-Christ à accumuler ses énergies morales, la race hébraïque a acquis un élan suffisant pour poursuivre sa vague civilisatrice pendant les deux mille ans après Jésus-Christ. De même , la Grèce, mère des arts et des sciences, fut enfermée entre les montagnes et la mer jusqu'à ce que les marées intellectuelles deviennent profondes et fortes.

Mais l'histoire n'est pas la seule à nous inciter à tirer le meilleur parti de nous-mêmes. Tous nos grands hommes illustrent le même principe. Récemment, l'attention a été attirée sur le fait que nos villes sont dirigées par des hommes dont l'enfance et la jeunesse ont été passées à la campagne. Isolés, ruminant des années dans les champs et les forêts, ces garçons ont développé une forte individualité. Une récente enquête auprès des hommes éminents de la ville de New York a montré que quatre-vingt-cinq pour cent d'entre eux étaient élevés dans les villages et les districts ruraux. Dix-sept de nos vingt-trois présidents venaient de la ferme. Un recensement des collèges et séminaires de Chicago et des environs a montré que le pays fournit quatre-vingts pour cent de nos étudiants universitaires. Les chances de succès semblent être de cent contre une en faveur du garçon de la campagne. Beaucoup expliquent cela en disant qu'il existe une relation mathématique entre un beau physique et une démarche intellectuelle ferme. Une bonne pensée repose sur de fines fibres cérébrales. Mais ce n'est que la moitié de la vérité.

Ces géants du pays ont appris dans leur jeunesse à ne pas dépendre des livres et des journaux, mais de leurs yeux et de leurs oreilles. N'ayant aucune ressource extérieure, ils tournèrent leurs pensées vers l'intérieur et mirent en valeur leurs propres facultés. Ils n'ont pas attendu d'ouvrir le journal pour découvrir ce qu'ils pensaient d'un sujet important, mais, sans aide, ils ont forgé leurs propres opinions et, grâce à leur autonomie, ils ont grandi. Si un semeur allait semer dans les rues de la ville, il ne récolterait qu'une petite récolte. La chaussée dure et battue ne permettrait pas au grain de se loger ; mais semée dans les sillons ouverts, la graine s'enracine et pousse. Ainsi, l'esprit des jeunes citadins est un chemin parcouru par les innombrables événements de la vie. Son individualité est une racine qui a peu de chance de grandir.

Les matins pleuvent les journaux, les soirs multiplient les événements, le ciel même pleut les brochures. L'individualité est submergée par beaucoup de choses. Bientôt, l'esprit cesse de développer son propre trésor mental et se contente de recevoir ses incitations de l'extérieur. Parce que les écoles et les collèges se multiplient, le jeune qui n'est jamais allé au fond d'une seule matière s'imagine qu'il est un bon élève. Parce que ses étagères sont remplies de livres, l'homme se trompe en pensant qu'il les a tous lus. Parce que notre époque est riche en appareils mécaniques et en inventions, beaucoup de ceux qui ne savent pas enfoncer un clou s'imaginent qu'ils ont réellement joué un rôle déterminant dans l'avènement de cette époque magnifique. Beaucoup chantent des hymnes d'exultation devant cette merveilleuse civilisation, qui sont des pauvres mentaux et industriels, dont le principal motif de félicitation est d'être eux-mêmes nés dans ce siècle particulier. Mais le pouvoir ne vient pas par là. Moïse contrôlera demain tous nos juristes parce qu'il a passé quarante ans dans le désert à réfléchir sur les principes de la justice. Paul a eu l'honneur de façonner nos institutions politiques parce qu'il a consacré douze années de préparation générale et trois années d'application spéciale à l'étude des droits individuels. Milton nous raconte qu'il a passé trente-quatre ans d'études solitaires et incessantes à accumuler la matière d'un poème héroïque que le monde ne laisserait pas volontairement mourir.

Homère a écrit « l'Iliade » parce qu'il était aveugle et contraint à ses propres ressources. Dante a écrit son "Enfer" parce qu'il était en exil et qu'il avait le temps, dans l'isolement, d'accumuler son trésor mental. Webster et Lincoln ont passé des années dans les forêts et les champs, réfléchissant et ruminant, analysant et comparant. De longs étés se sont écoulés pendant qu'ils semaient et récoltaient leur trésor mental. Pasteur a beaucoup donné à notre génération, car pendant trente ans il s'est isolé et a eu beaucoup à donner. Lorsque Lowell parle de l'essence des roses, il nous rappelle les champs entiers de fleurs pourpres qui ont été rassemblés dans une petite fiole. Lorsque Starr King vit les grands arbres de Californie s'étalant sur vingt-cinq pieds de diamètre et soulevant leurs couronnes sur trois cents pieds au soleil, il fut si impressionné par leur dignité et leur beauté qu'il fut ému jusqu'aux larmes ; mais la taille des arbres n'expliquait pas son émotion. C'était la pensée des énergies de réserve qui y avaient été compactées. Les montagnes avaient donné leur fer et leurs riches stimulants, les collines avaient donné leur sol, les nuages avaient donné leur pluie et leur neige, mille étés et hivers avaient déversé leur trésor sur les vastes racines. Ainsi, les auteurs et les hommes d'État qui aideront la prochaine génération s'efforcent aujourd'hui de s'aimer eux-mêmes et de tirer le meilleur parti de leurs talents. Ce n'est que lorsqu'ils auront concentré en eux mille connaissances et vertus qu'ils pourront aimer les autres.

Avouons avec tristesse que notre époque pèche gravement contre ce principe de soin et d'amour de soi. La valeur individuelle est gravement négligée. Une époque est grande non pas grâce à un grand recensement, mais grâce à une multitude de grandes âmes, tout comme un livre a de la valeur non pas parce qu'il a de nombreuses pages, mais parce qu'il contient de grandes idées. Les pavés de nos rues sont bien différents des saphirs. Le regroupement de 65 000 000 de petits blocs de granit ne transformera pas ces pierres en diamants. C'est seulement lorsque chaque pierre est une gemme que l'augmentation du nombre signifie l'augmentation de la beauté. Aucune nation ne progresse vers la suprématie simplement parce que les individus faibles ont commencé à y aller en masse. Dans notre éducation, nous chantons des compliments et des louanges à propos de nos écoles et des nouvelles méthodes d'éducation. Pendant ce temps, Frederic Harrison insiste sur le fait qu'en cinquante ans, les écoles publiques de Grande-Bretagne n'ont pas produit un esprit de premier ordre. Certains de ceux qui ont acquis une renommée en littérature ou en politique étaient des autodidactes. Les autres bénéficiaient de l'aide d'un parent ou d'un ami qui, très tôt dans la carrière de l'enfant, prenait la peine de rechercher les facultés les plus fortes de l'enfant, puis demandait à un tuteur ou à un enseignant de l'aider à nourrir ce talent particulier vers la grandeur.

Chez nous, le président White nous dit que nos auteurs et poètes sont morts et qu'ils n'ont pas de successeurs. Il ne pourrait en être autrement non plus. Lorsqu'un conducteur habile souhaite développer la vitesse d'un poulain pur-sang, il se spécialise sur cet animal. Aucun cavalier sensé ne mettrait quarante poulains sur une piste et n'essaierait de développer leur vitesse en les conduisant en troupeau. Il reste aux parents de ce pays à adopter la méthode de dresser leurs enfants en masse et de les éduquer en troupeaux. Notre système d'école commune est né de la nécessité de diviser le travail. Installés dans les régions sauvages de la Nouvelle-Angleterre, les hommes se rendaient dans les forêts avec des haches ou dans les champs avec leurs houes. Les mères allaient au jardin ou au métier à tisser. Plutôt que de laisser leurs enfants sans éducation, de nombreux parents se sont réunis et ont demandé à un homme ou à une femme de faire le travail pour tous. Ainsi nos écoles communes sont nées de la pauvreté et de l'urgence.

Mais enfin est arrivé un moment où les parents, dans un culte aveugle d'un système, ont confié leurs enfants à des nourrices intellectuelles. De nombreux enfants qui possèdent un talent de premier ordre dans le domaine de la poésie ou de la littérature sont obligés, pendant la période la plus précieuse de leur vie, de consacrer des années à des sujets qui ne leur produisent aucun effet culturel. Pendant ce temps, leur enthousiasme est gaspillé et leurs facultés les plus fortes sont affamées. Ce n'est que lorsqu'il est trop tard qu'ils découvrent la cruelle injustice qui leur a été infligée et reconnaissent qu'ils doivent rester des prophéties non réalisées. Nos écoles communes ont travaillé le plus efficacement pour notre civilisation. Ils sont l'espoir de la société. Mais ce n'est que lorsque nos parents seront devenus des enseignants enthousiastes et que nos foyers assisteront les salles de classe que les hommes cesseront de se plaindre du fait que les grands hommes de la nation n'ont pas de successeurs et que le génie a quitté notre peuple.

Le moment est pleinement venu pour la nation de commencer elle aussi à s'aimer elle-même. Tous s'aperçoivent que l'individu n'a pas le droit d'être si généreux aujourd'hui au point de n'avoir rien à donner demain. La sagesse protège les dépenses d'aujourd'hui, de peur que le capital de demain ne soit compromis. C'est un pauvre laboureur qui surcharge ses champs ou ses vignes au point d'épuiser le sol ou de détruire la vigne. Pourtant, de nombreux événements semblent prouver que notre nation s'est gravement blessée par un excès de gentillesse. Il a oublié que seul Dieu peut aimer tout le monde. En essayant d'aider le plus grand nombre, il a menacé son pouvoir d'aider tout le monde. Cela a été comme un homme qui, un jour de janvier, ouvre ses fenêtres et essaie de réchauffer tout le monde à l'extérieur, pour découvrir ensuite qu'il a gelé sa famille à l'intérieur de la maison et n'a réchauffé personne à l'extérieur. Si nous voyageons dans les villes industrielles de la Nouvelle-Angleterre, où les jeunes Whittier et Longfellow ont été formés, nous trouvons des écoles aux fenêtres barricadées. Les petites églises aussi sont désertes et les portes clouées. En écoutant les « réformateurs » dans nos parcs un dimanche après-midi, nous sommes stupéfaits par les attaques virulentes contre nos institutions. Conversant avec le contremaître d'un grand groupe d'hommes qui posaient des conduites d'eau, nous sommes étonnés de sa déclaration selon laquelle il n'y a pas un seul homme qui sache écrire assez bien pour tenir le temps et les heures de ces travailleurs. Debout dans le jardin du château, où le navire d'émigrants débarque ses multitudes, nous entendons le médecin s'écrier : « Il faudra cent ans à cette nation pour expulser de son sang ce vice et cette scrofule.

De même que certaines compagnies de chemin de fer arrosent leurs stocks et, pour chaque dollar, émettent des obligations à raison de cinq, dans l'espoir qu'un seul des cinq en saura jamais assez pour demander son dollar, de même l'intelligence de la nation a été arrosée et diluée. Parfois, une urne entière remplie de tickets d'électeurs ne contient pas le bon sens d'un seul vote du temps de Hamilton. Notre nation ressemble souvent à un chef de famille qui a donné sa clé de nuit à un ennemi qui a menacé sa maison avec des tisons. Notre nation a aimé, pas sagement, mais trop bien. Le moment est venu où il doit choisir entre s'aimer soi-même et faire faillite en matière d'intelligence et de moralité. Dans le but d'éduquer les nations du monde sur la vraie valeur des institutions libres, une petite communauté de la Nouvelle-Angleterre, où tous les citoyens étaient des patriotes et des héros, des érudits et des chrétiens, où la vulgarité et le crime étaient inconnus, où la prison était vide et l'église était pleine, où tous les jeunes vies se dirigeaient vers l'école – une de ces communautés a une valeur au-delà de nos millions actuels.

Ce dont le monde a besoin, ce ne sont pas de multitudes, mais d'exemples et d'idéaux. Si un seul Platon peut être produit, il soulèvera le monde. Nos citoyens demandent aux artistes de peindre leurs tableaux, pas aux cireurs de bottes. Nous demandons aux architectes d'ériger nos bâtiments publics, pas aux ramoneurs. Amoureux de leur ville, nos citoyens ont bordé les avenues de belles maisons et les rues de magasins et d'usines. Mais ici s'arrête leur amour-propre. Quand les grands hommes ont créé la ville, ils demandent aux patrons de salon de la gouverner. Le sage a bien dit que c'était comme si nous étions passés à côté de Daniel Webster et avions demandé à un singe africain de parler à sa place. Il est étrange – voire étrange – que notre nation et notre ville oublient que tout amour pour les autres commence par un sage amour de soi.

Nous revenons de notre enquête avec la conviction que Jésus-Christ a bien fait de faire valoir le génie du christianisme. En remontant le chemin de l'histoire, nous avons constaté que les courants de la civilisation naissent dans l'esprit et le cœur de quelqu'un d'enrichi, alors même que de puissants fleuves jaillissent de sources isolées. En regardant en arrière, nous voyons Moïse construire le temple hébreu ; nous voyons Périclès et Platon façonner de nombreuses formes de vérité et de beauté pour Athènes ; on voit Dante poser les bases de Florence ; on voit Carlo Zeno faire sortir Venise des sables de la mer ; nous voyons Bacon et Luther élever les cathédrales de la pensée et du culte, sous lesquelles des millions de personnes trouvent refuge. Opprimés par un sentiment d'ignorance humaine et de péché humain, mille questions se posent. Un mal- né peut-il cheminer vers la grandeur ? Le violon de Crémone du XVIe siècle est un amas de mélodie condensée. Chaque atome s'est imprégné de mille chants, jusqu'à ce que l'instrument empeste la douceur. Mais un instrument humain, désaccordé depuis longtemps et gravement blessé, peut-il un jour être ramené à l'harmonie de l'être ? Dans l'atelier du sculpteur se trouvent des blocs de marbre abandonnés. De l'une émerge une main, une autre montre les contours d'un visage. Mais pour une raison quelconque, l'artiste les a abandonnés. Il semble qu'en travaillant vers l'intérieur, le ciseau ait découvert une fissure ou révélé une tache sombre. Le sculpteur l'a donc laissé de côté, préférant le bloc de marbre enneigé impeccable. L'âme est-elle souillée par le péché pour être rejetée par le divin Sculpteur ?

En parcourant les plaines, les voyageurs regardant par les vitres des voitures aperçoivent le sentier californien. Les ornières des wagons sont devenues des fossés et l'ancien itinéraire est jalonné de tombes humaines. Mais il y a bien longtemps, les hommes ont troqué la charrette à bœufs, les profondes ornières des chariots et le pénible voyage contre des voitures de palais. Il existe donc de nombreuses voies de péché profondément creusées par la pression des pieds humains. Beaucoup voudraient les abandonner. Mais existe-t-il un pouvoir divin pour tracer une route divine ? Y a-t-il un bonheur ? La nature est gentille avec ses grains et les entraîne vers les récoltes ; est gentille envers ses pépins de pomme et leur propose de voyager vers les vergers ; est doux envers les jours de mars et leur propose de voyager vers un été perpétuel.

Et l'homme aspirerait à trouver un ami divin qui le conduirait à une grande valeur personnelle. Comme pour combler les besoins les plus profonds de l'homme, Jésus-Christ entre sur la scène terrestre. Il vient hâter le pas de l'homme sur ce chemin qui mène de la petitesse à la grandeur. Devant notre vision admirative, le Divin Maître apparaît comme un laboureur sacré, son jardin étant notre terre, des hommes bons et les fruits les plus riches de la terre. Il demande à chaque jeune d'aimer et de tirer le meilleur de lui-même, afin qu'il soit plus tard du pain pour ceux qui ont faim, un médicament pour les blessés, un abri pour les faibles. Il demande à chaque amour sa propre raison, acquérant la sagesse avec cette passion ardente qu'avait Hugh Miller pour la connaissance. Il demande à chacun de tirer le meilleur parti de l'amitié, imitant Platon dans son amour pour son noble professeur. Il demande à chacun d'aimer l'industrie, à l'image de Peabody, dont la générosité jaillissait comme des rivières. Il demande à chacun de tirer le meilleur parti de son courage et de son autonomie, en imitant Livingstone dans son service renoncement à soi-même. Il invite chacun à imiter et à regarder vers Jésus-Christ, comme Dante, au milieu de la nuit agitée, leva les yeux vers l'étoile. Il ordonne à chacun de remuer ciel et terre pour atteindre une virilité digne. Car ce n'est qu'ainsi que la terre pourra jamais être ramenée au ciel.